JN061495

続・仕事は自分で創れ！

近藤 昇
ブレインワークスグループ
CEO

カナリアコミュニケーションズ

なぜ、仕事を自分で創りたいのか

学生時代が懐かしい。それと同時に学生時代に思っていたことがまるで別人の感覚に思えてならない。とにかく、能天気な毎日を過ごしていた。まさに、その日暮らしとも言えようか。また、仕送りで生活していたわけで親にも依存していた。勉学に励むということとはかけ離れた遊び中心の生活だった。アルバイトもそれなりにはしたが、稼ぎはすべて遊びに消えていく。

こんな毎日を気の置けない友人と過ごしていると、卒業が近づくにつれ、「できれば、一生このままでいられたら……」と本気で考えるようになった。その頃の自分自身は仕事や働くということをまったく理解していなかったと実感する。親が農業をしていた姿を幼少期から眺めて成長した。そんな親の姿を見ていた自分は他の業種業態で働くということを表面上でしか捉えられていなかった。仕事のやりがいなど想像もできなかった。

そんな私も働くようになったが、社会人になって数年間は学生時代の延長とも言えた。しかし、20代後半になった時に、漠然と「独立しよう」という気持ちが芽生えた。

独立した理由を聞かれると「組織の中で、人の下で働くのがイヤだったから」とお決まりのセリフで説明してきた。ただ、今思えば、農家で生まれ育ったという環境の影響が大きかったのだと思う。

コロナ禍で人々の行動が大きく変わった。社会のこと、生活のことを考える機会も増えた。そのおかげか、思考がシンプルになったように思う。同時に、原点を振り返る機会も増えた。最近、私が独立した本当の理由も改めて考えてみた。行き着いた答えは『仕事を自分で創るから』だった。

会社経営をしているとすべて自主的に独断で動いているように思われるが、実はそうでもない。自由に見えて実はさまざまなしがらみがあることに気づく。しかも、齢を追うごとにその縛りは強くなってくる。コロナ禍は社会や生活に踊り場を与えたと考えている。いろいろと考える機会をもらったのだ。すると、日々に忙殺され、走り回っていた時には見えなかったものが見えてくる。

――仕事を自分で創る経営とは何か？
――社長になりたいとか、金儲けしたいという理由の優先順位は低い

そんなことを考えていたら、ブログを本格的に再開することになり、タイトルを「仕事は自分で創れ！」に改めた。2002 年に発刊した拙著のタイトルだ。

はじめに

2020年6月以来、毎日ブログを書き続けた。たかがブログ、されどブログでもある。書くだけならば苦にもならないが、今は現役の社長業をしている。コロナ禍であっても業務は多忙だ。だから、毎日ブログを更新するというのはリズムができるまでは少々骨が折れた。

毎日書き進めていくと、いろいろなことを考えることができる。調べることもでてくる。過去を反芻することもある。時には人に意見をもらうこともある。昔から書くことには多少の自信があったが、ここまで書くことに集中したことはない。文章の書き方もいまさらだが勉強中である。このブログを書き続けることによる最大のメリットは、世界的な危機的環境下でさまざまな思考を巡らすことができたことだった。

『仕事は自分で創る！』

その仕事がどんな仕事であろうとも。ブレインワークスグループは「健全」を経営理念に掲げている。コロナによる危機は大きなトリガーになるだろう。この危機を体験した人類は改めて健全な地球、健全な企業経営を見つめ直し、軌道修正していく良いタイミングだと確信している。もう1つ、「つながり」ということも、改めて意識させられる機会になったと思う。人間は社会的動物であり、社会関係の構築が何よりも健全な人類の発展のためには欠かせない。それらを再考、再構築していくのに、このコロナ禍は絶好のチャンスと捉えることもできるだろう。

本書は2020年9月末までの約100回更新分のブログからプロの編集者が抜粋したものだ。今の時代、プライベートにおけるブログは誰でも書けるし、発信できる。しかし、『仕事は自分で創ること』を前提に会社経営に携わる私としては、このトライを何かにつなげたいと考えている。

そして、この本が読者の皆さまの何かにお役に立てば幸いである。この本を読んでいただいた方とオンラインで座談会などもやってみたいし、興味を持っていただいた方と交流をしたい。そこから何かが『創れる』と思うからだ。

ブログは今のところ、継続していく予定である。仕事を自分で創る人がつながっていき、また新しい生活スタイルや働き方、ビジネスにつながることも数多く生まれると思う。私にとっての原点は、やはり『仕事は自分で創る』である。

2020年12月

ブレインワークスグループ　CEO

近藤 昇

目次

第1章

IT社会を生き抜く知恵

2020/06/02

記録の世紀、人類はどう対応すべきか？

#記録の時代　#記録の世紀　#記憶より記録　#情報感度を磨け
#情報感度　#デジタル革命

今、人類はどれだけ気づいているだろうか？　私たちの日々の営み、言動や行動が記録に残る時代であることに。遠い未来から振り返った時、私たちの時代が記録について変革の時だったと語られるのは疑う余地はない。

かつて、活版印刷が登場し「印刷革命」が起こった。その後、「産業革命」と続き、今は「デジタル革命」「IT革命」の時代だ。すでに「記録革命」の時代であると言っても過言ではない。

15世紀、グーテンベルクが発明した活版印刷技術により、それまで人間が書き写していた記録量が飛躍的に増大した。20世紀に入るとコンピューターが生まれ、記録がデジタル化されたことで劇的に進化。私たちの想像をはるかに凌駕する膨大な量の情報が記録されるようになった。

さらにインターネットの普及により、情報を記録するプラットフォームが次々と生まれては、消えていく時代になった。記録革命により、私たちが知らないうちに情報が記録され、利用されている時代となったのである。

そして、記録は永遠に残る可能性もある。

今回の新型コロナウイルスの感染拡大はパンデミックであるが、情報の感染という意味でインフォデミックの側面もある。情報がネットを中心にあふれ、それを利用する人が世界にたくさんいるなかで、不幸なことに真偽がわからぬ情報に翻弄される人が増大している。

いずれにせよ、コロナ禍によって今まで情報に無関心であった人も、世界がネットでつながり、いとも簡単に情報にアクセスできることに気づき、人類が記録の世紀にいることを体験するきっかけになったとも言える。

話は変わるが、「DIKW」をご存じだろうか？　「Data（資料）」、「Information（情報）」、「Knowledge（知識）」、「Wisdom（知恵）」の関係性を定義した考えである。

ただし、私がここで書いている「情報」とは、DIKWのなかの「I」の情報ではなく、これらを全部まとめて「情報」と考えていることを断っておきたい。

記録される情報は身近にたくさんある。ランダムに書くが、スマホ、ガラケー、SNS、写真、映像、学校、地盤、気象、生活、タクシーなど、無数にある。地球と人間に関係する情報が丸ごと記録される時代が、とうに始まっている。

しかし、私たちがそのことを意識して生活することは少ない。例えば、個人情報。数十年前から、さまざまな場所で目的があって記録され利用されていたが、現在では当時と比べものにならないほど、見えないところで膨大な記録が劇的に進んでいる。

それは同時に、大きなリスクも生み出している。意図しない情報の記録による被害が増大し、拡散のスピードも速くなっている。デジタルに記録された情報は簡単にコピーすることができる。しかも拡散された情報がどこに記録されているかを把握することは容易ではない。つまり、簡単には消せないのである。そのリスクに気づいていない人は、意外に多い。

そもそも「記録しているのは誰なのか？」ということを、ITの専門家ではなく、一般の生活者も、これからの時代は知識として把握しておきたい。

繰り返すが、企業、個人、行政、学校、プラットフォーマーなど、本人が知らないところで、膨大な情報が記録されている。そして、それらの情報がビジネスに利用されているのも歴然とした事実だ。また、政治に利用する国もある。

今のところ個人情報保護に関しては、ヨーロッパがもっとも厳格で、この分野での先進国でもある。「GAFAM」などに対しても手厳しい。ちなみに「GAFAM」とは、IT市場を席巻する「Google」

「Apple」「Facebook」「Amazon」「Microsoft」の頭文字をとった総称だ。

記録の世紀に生きる現代人は、専門家以外には知らなかった情報の記録や利用の方法を知る必要がある。そして、人類はどのように記録の時代に適応していくかを考えなければいけない。

シンプルに書くと、ビジネスの視点で情報は「チャンスとリスク」を、生活者の視点からは「幸せか不幸せか」を知るきっかけになる。

情報を知らないほうが幸せなこともあり、こういった感覚は大切にしていくべきだ。具体的には無人島でスマホもネットもつながらない場所で生活するというシーンをイメージするだけでも、いろいろと考察はできる。

このような記録の世紀で、我々は情報感度を磨く必要がある。連想、発想し、目の前のことを鵜呑みにせず、疑うこと。知れば知るほど知らないことを知ること。不自然さに気づくこと……。

不自然さに気づく感度が鈍っている人が増えている。情報に対して考えることが必要だが、そのためには自分の判断軸をしっかりと持つ必要がある。もっとも、危ういものには近づかないのが一番である。しかし、人間はそう言われると近づきたくなる生き物だ。こういうジレンマのなか、適応する訓練は必要だと思う。

今後も記録の世紀に適応して生きるためのヒントを模索していきたいと思う。そして、近々に書籍にまとめようと考えている。

2020/06/19

今もITは魔法の杖なのか？
人類はIT社会に適応できるのか？

#ITは魔法の杖ではない　#デジアナ　#アナデジ　#テレワーク　#オンラインセミナー　#だから中小企業のIT化は失敗する

昨日、ある友人とITの話をしていて確信に至ったことがある。それは、「今、ITを使う一般の人は、大変苦労しているし、迷走している」ということだ。

しかも、今回のコロナ危機でITに関心を持ち、新たに使ってみようという人が急増した。徐々にほとぼりは冷めていくだろうが、如何せん、人間は総じて好奇心が強いし新しいもの好きだ。

「ITという便利なものがあるらしい」

「これから世の中がITで変わりそうだ」

「どうやら、コロナ危機対策にもITが相当寄与しているらしい」

こんな噂が飛び交っている。

その典型がZoomだろう。何とかのひとつ覚えみたいに、たった2か月で世界中の人がZoomを知った。私が普段お付き合いしている方々も、すでに半分以上がZoomを使っている感じだ。

それに加えて、コロナ危機の最中にZoomの情報セキュリティ問題が勃発した。素人までが「Zoomは危ないらしい」とまことしやかに噂は広がった。専門家の立場で言うと、程度の問題はあるにしてもセキュリティに穴があったのは事実だろう。

ただ、問題が顕在化した理由は簡単だ。ZoomのCEOにしてもこんな急に利用者が増えるとは思っていなかった。世界の誰一人として予測できなかった事態なのだから仕方がない。

そもそもZoomは、コロナ前からオンライン学習などでは人気だったが、あらゆる用途に適応していたわけではない。少なくとも今時のスタートアップ企業の基本は「リーンスタートアップ」だ。Zoomを提供しているZoomビデオコミュニケーションズも、利用の拡大とともに機能の充実やセキュリティ強化といった改良を図っていく戦略だったと推察する。今は株価も急騰し、その結果、企業価値が増大した。しばらくは順風満帆だろう。

そんなことを思っていた矢先に、例のGAFAMやそれに続く企業がオンラインプラットフォームに、一気に本格参入の気配だ。IT系ビジネスの熾烈な争いは、今に始まったことではない。私の立場としては見ているしかないが、一般の利用者はたまったものではない。どれを使えばいいかを選択するだけで大変だ。

話は戻るが、昨日のある友人とのITに関する世間話のなかで、自然とオンラインツールの話になった。

ちなみに、この日は先方のオフィスにお邪魔して、私がiPadを4Gでつなぎ、在宅勤務中の社員2名がオンラインで同席した。完全な自粛中であれば、もちろん私もオンラインだが、昨日はいつものスタイルでのミーティングだった。

ベトナムなどでの海外ビジネス経験が長いので、私たちにとってオンライン同席は10年以上前から普通のスタイルだ。

完全なオンラインかまったくのオフラインか、私はオンラインとオンサイトを融合して使っているが、そもそも二者択一の話ではない。それこそ、別で流行りのハイブリッドでよい。アナログとデジタルを上手に使うことが一番なのである。

友人の具体的な悩みはこんな感じだ。

友人「ところで、近藤さんのこれは何を使っているのですか？とても良さそうに見えますね。今、Zoomかスカイプか何が一番良いのか迷っています」
私「これはですね、国産のシャープの……」

詳しく説明をしようとしたが、すぐにやめた。結論としては、「使い慣れたものが一番です」とお伝えした。

「ソフトウェアの世界ですから、機能的には大差はありません。

仮にあったとしても、時間の経過とともに同じになります。ただ、操作がずいぶん違います」

こんな話をしながら、ふと最近の私自身のちょっとした苦労が蘇ってきた。今、ブレインワークスでは、「**Bナビオン**」というオンラインセミナーサービスを行っている。現時点でのプラットフォームはZoomだ。この1か月、毎日のようにZoomを使っているとZoomの操作がしっかり身についてしまった。

また、自粛中の完全オンライン期間のミーティングでは、スカイプやFacebookのFaceTimeなど、相手の要望に応じて得意なツールに合わせていた。大変と言えば大変だが、一応プロなので、何とか対応している。

私は友人にこう続けた。

「ITを車と考えましょう。端的に言えば、車を自ら運転するか、乗せてもらうかです」

20年ほど前のITブームの時に、私自身がIT指南の現場で多用していた事例を説明したのである。詳しくは後日触れるが、車との関わりで考えると、今時のIT活用のポイントや付き合い方が見えてくる。また、20年前に『だから中小企業のIT化は失敗する』を上梓してから、セミナーや講演などで繰り返し使ったのがこのフレーズだ。

「ITは魔法の杖ではありません」

当時の私のセミナーの対象は、IT活用で迷走し、ITサービス会社に振り回されていた中小企業の経営者だった。ちなみに当時とは、某首相が「IT」を「イット」と発言した時期と重なる。

今の私の気持ちは、その時とそっくり同じことを世界中の生活者に伝えてお役に立ちたいということだ。現実的には、まずは日本の老若男女の皆さんに「ITは魔法の杖ではありません」とお伝えする必要があると痛感した次第である。

友人とのミーティングの後、一晩考えてさっそくオンラインを使ったサービスを始めることにした。タイトルはズバリ、「ITは魔法の杖ではありません。オンラインIT活用塾」。ご期待いただければと思う。

2020/07/06

人類は"世界を情報共有化"で1つにできるだろうか？

#情報共有化　#世界は1つ　#部分最適　#個人最適　#全体最適　#コミュニケーション　#情報共有　#だから中小企業のIT化は失敗する　#これで中小企業の情報共有化は成功する

20年前、"情報共有"がここまで一般用語になるとは思わなかった。現在のコロナ禍において"情報共有"の言葉を見かけない日はない。企業は言うまでもないが、役所も国も病院も一般の人も、しかも世界規模で。

今こそ、人類はITツールを駆使して、“世界を情報共有化”するべき絶好の機会だと私は考えている。

20年前と言えば、日本では“情報共有”がビジネス用語として定着しかけた時期である。企業の業績の向上や付加価値の創造のためには、組織内の“情報共有”の実現が必要と経営者が意識し始めたのだ。

私は2001年に『これで中小企業の情報共有化は成功する』を上梓した。この4か月前の処女作『だから中小企業のIT化は失敗する』に続いての著書だが、2冊ともに「今や中小企業も“情報共有化”が必要な時代である」と説いた。“情報共有化”としたところが、当時の実情を表現している。20年前、“情報共有”だけではピンとくる経営者が少なかったのだ。

余談であるが、この2冊の本は思いがけず大反響を呼んだ。セミナーの講演の依頼に始まり、日経BP社などのIT雑誌への寄稿と続き、お客さまからの問い合わせも殺到した。なかでも1番大きかったのが、エネルギー会社の最大手から億単位の“情報共有化”のコンサルティング依頼を受けたことである。

しばらくは、企業の情報共有化支援で事業が成り立ったのだから、確かにニーズはあった。少なからず企業の進化に役に立ったと自負している。

当時、大企業、中小企業を問わず、"情報共有化"のテーマは、顧客満足度の向上や顧客創造に焦点が当てられていた。高度経済成長期が過ぎ去り、バブルも崩壊して、顧客の獲得競争が熾烈を極め始めた頃である。

当時の"情報共有化"をシンプルに説明すると、「顧客の接点情報や購買履歴などの付帯的な情報を加味して、組織の関係者と共有し、顧客との関係性を強化することで、新たな受注やリピートにつなげていこう」というものだ。詳細は割愛するが、ほどなく「SFA（Sales Force Automation）」や「CRM（Customer Relationship Management）」が登場した時代だ。

そして、私が定義した"情報共有化"はこうである。

「情報共有化とは、企業が定めた目的を達成するために、チームや組織が必要な情報をタイムリーに共有して活用すること」

このプロセスを「収集」→「共有」→「醸成」→「活用」と定義した。現在では一般化した考え方だ。

当時、"情報共有化"だけで仕事になったということは、それだけ企業の情報共有が実現されていなかった証拠である。そもそも経営者ですら、情報共有の必要性に気づいていた人は少なかった。

つまりその時代は、まだまだ高度経済成長時代の余韻に浸っていて、情報共有がなくても表面上は何の問題もなく、うまくいっていたのである。病気と一緒で病の予兆はあったにもかかわらずだ。

ここで情報共有が行われていない状態を考えてみる。

中小企業で言えば、スーパーな業績を達成する営業パーソンが典型だ。極端な話、個人プレーの塊ということになる。

大企業の場合はセクショナリズムが典型の症状である。これは今でもあまり変化がない。"情報共有化"で言い換えれば、部署間の意思の疎通が図られていないのである。仕組みができあがっているなかでの改革は困難な道のりになる。長年染みついてしまったやり方や体質はそうそう変えることができない。

あれから情報共有はどう変わったか？

IT ツールが想像以上に進化し、ビジネスの場で情報共有は当たり前になった。実現できているかどうかは別にして、今や経営者で情報共有を否定する人はいないだろう。情報共有は経営者アンケートでも、常に改善するべき課題の上位に入っている。

背景の説明が長くなったが、コロナ危機で"情報共有"はあっという間に世界が舞台になった。2020 年 3 月 22 日のブログに書いたが、この危機対策では、部分最適を追いかけるのは「いたちごっこ」になる。

あれからわずか 3 か月だが、すでに「いたちごっこ」が頻発している。コロナ危機の対策の進め方は"世界は 1 つ"を前提にすることが必要だ。アフリカなどの後進国を置き去りにはできない。

20年前の企業に置き換えて言えば、今や“世界の情報共有化”が必要なのである。いきなり完璧を追求しても実現は極めて難しい。世界全体で一歩ずつ歩調を合わせて連携し、少しずつでも国の垣根を越えて解決しなければならない。

“世界は1つ”、つまり全体最適を優先してコロナ危機の対策ができるか？ 今でも予断を許さない状況のなか、残念ながら国のエゴや争い、企業の勝手な活動があちこちで露見している。

今の危機管理で必要な情報共有を実現するためのITツールには、すでに十分な機能がある。問題は使う側である。

実は、これは20年前の企業の“情報共有化”の課題と構図は同じだ。使えるツールがあっても、人間の考えやスキルが追いついていないのである。当時は、主たるツールはメールだったが、現在、世界はネットでつながっている。あらゆる手段があり、少々難解な情報共有も、ツールを使いこなせればできるレベルにある。日本でも国家レベルで盛んに情報共有の実現に向けて改革に取り組もうとしている。

世界が一丸となってのワクチンの開発や感染症対策など、さまざまな分野で研究や事例を共有することが、迅速で最適な解決につながるということは子供でもわかる。

しかし人間が本能的に動けば、個人最適や部分最適が優先になり、全体最適は実現しない。人間は基本的に社会的動物でありながら身勝手な動物でもある。それと自分の周りを見ることは得意だが、全体を見ることにかけてはそれほど能力が高いわけではない。

また目先のことは誰でも気づくが、先のことに目を向けられる人は少ない。こういう人間の弱点をITでどこまで補完できるかである。

もう1つ、"情報共有化"を考える前提としてチームワークを考えないといけない。チームワークがないと情報共有は成り立たない。全員が自分のことだけを考える身勝手な集団に、チームワークは存在しない。チームでやるからこそやりがいがあり大きな成果や大きな社会貢献ができるのだ。このチームワークは日本が得意とするところである。

地球が限界にきている今、感染症対策のためだけではなく、必然的に世界には"情報共有化"が必要とわかる。今回のコロナ危機の経験を活かして、人類が"情報共有化"を実現し、"世界は1つ"のチームワークの下地ができたとしたら、地球が抱えているさまざまな問題、例えば環境問題や資源の枯渇問題、地域的な紛争などの解決にも寄与することは間違いない。だからこそ、今"世界は1つでの情報共有"の実現が必要だと考えている。

最後に私が長年待ち望んでいるツールについて書きたいと思う。それは、全世界の人が相互で自動通訳、自動翻訳でコミュニケーションができることである。すでにメジャーな言語ではできつつある。しかし、大事なのはマイノリティだ。“世界は1つ”を真の意味で実現するためには、言葉の問題の解決が不可欠である。

2020/07/17

“とっておきのオンサイト”を考えていて想うこと

#オンラインビジネス　#オンライン　#オンサイト　#テレワーク　#在宅勤務　#海外ビジネス　#EGAビジネスカンファレンス　#オンライン飲み会　#オンライン営業　#オンライン商談会

今、テレワーク疲れやテレワーク難民のニュースが後を絶たない。実際に予想通りの日本のテレワーク事情が見えてきた。昨日もこんなWebニュースを見かけた。

『“在宅勤務は生産性ダウン”と感じる　国調査で断トツトップ』

日本は、先進国のなかでテレワークの導入がもっとも進まない国の1つであるのは私も同感だ。だからといって、現時点ではそれほど問題だとは思っていない。10年後もそうだと社会問題になるかもしれないが……。

今は狭義のテレワークを考えるのではなく、もっと広くオンラインを使って仕事を変えるメリットを見出す方向に日本は転換する時期だと思っている。

そういう意味では、日本人は海外で発明されたテクノロジーや仕組みを日本風にアレンジするのは昔から上手だ。しかも日本の特徴はコテコテのアナログだ。これを武器にオンラインに取り込むのがベストと考える。だから時間もかかる。

日本の場合、未体験ゾーンのテレワークを、突然、在宅勤務から始めざるを得なかった。これは、水に慣れていない大人に、いきなり「クロールで25メートル泳ぎなさい」と言っているようなものだ（実際、私が30代前半で長いブランクの後に水泳を始めた時がそうだった）。

在宅勤務だけではない、本来のテレワークから徐々に始めていればよかったのだが、今回ばかりはやむを得なかった。始まってしまったものは仕方がない。急激な行動変化や環境変化の反動で、在宅勤務をよくないものと決めつけたり、その連想でテレワークを「いまひとつ」と思っている人は多いと思う。

一方、すでに20％くらいのビジネスパーソンや経営者は、テレワークを使いこなしている。この差は何だろうか？　答えは簡単だ。使いこなしている人は、もともとオンライン的な仕事をしていたに過ぎないということ。自立していて、どこにいても、誰とでも、仕事ができる人たちだ。

それは、必ずしもネット環境やオンラインでのミーティングに精通しているという意味だけでもない。オンラインで仕事をする時代がきていることを当たり前に思っている人も同様だ。水泳でいうと、水には慣れていて特定の泳ぎ方を知らなかった人である。

この「水に慣れる」とはどういうことか？　「オンライン」と「オンサイト」のバランス感覚を養うことに尽きると思う。

オンサイトには現場という意味があるが、私はリアルとか直接という意味も含めて使っている。アナログ感覚と言ってもよい。私の会社では、テレワークは「オンラインビジネス」の1つと位置づけている。オンラインビジネスの定義とは、「インターネットなどを使ってオンライン上で人と人がつながり、営業、商談、セミナー、研修、交流会などを実施する仕組み」である。

私はITの仕事に長年携わってきたし、俗に言うテレワークは創業時から当たり前に取り入れてきた。もともと27年前に、仕事スタイルと会社経営の方法としてSOHOワーカーを選択したことが出発点だが、本当の意味でオンラインに精通したのは新興国中心の海外ビジネスの経験からだ。

海外ビジネスの経験がある方ならわかると思うが、オンラインを使うことでメリットはたくさんある。もちろんデメリットがないわけではないが、それを感じる前に、セミナー、商談、通訳、同行、商談会など、さまざまなメリットを体験できる。

海外ビジネスの最大のハードルは、日本からの物理的な出張だ。

とくに経営者はコスト感覚には敏感である。自ずと出張回数に制約がかかる。「海外出張のコストを減らす方法はないものか？」と考えると、出張回数を減らしてオンラインを使おうという選択になる。ごく自然の流れだ。

実際にうまくいくのか気になる人はいるだろう。現地に行く目的は何なのか？ 行くべき理由は何なのか？　現地の街の様子を観察することに始まり、時には居酒屋で食事をして街を歩き生活体験をする。B to C のビジネスならば必須事項と思われる。

B to B のビジネスの場合、キーパーソンとの面会が重要になるが、毎回直接会ったほうがいいのだろうか？　経験上、私はそうは思わない。確かに1度も会わずにビジネスは成立しないが、その後は会うといっても商談ではなく食事会やゴルフがほとんどだ。これは、さすがにオンラインではできない。とくに新興国は、信頼関係を構築する場所は会議室ではないのである。

また、通訳や同席者の問題も海外ではつきものだ。私は英語が得意ではない。もちろんベトナム語もできない。仮に私が英語が得意でもベトナム人の経営者が皆、英語が得意なわけではない。必然的にベトナム語と日本語の通訳の同席が必要になる。私は、この同席という行為の代案を考えてずいぶん前から実行している。

ベトナムの地形をご覧いただきたい。日本とよく似ていて縦長である。私たちの拠点はホーチミンであり、通訳などの主要スタッフはホーチミンにいることが多い。ハノイ出張に通訳を連れていくと交通費などのコストがかかる。だから、私はiPadでのオンライン通訳を普通に使ってきたし、日本にいる社員も同じようにミーティングに参加できる。

在宅勤務中心のテレワークについて議論されているのは、基本的に社内におけるミーティングをオンラインで進める時の課題である。この使い方がオンラインのすべてのように思われていることが、もったいない。

もちろん、社内のオンラインミーティングにしても、やり方次第では有効だが、マイナス要素も多々ある。このあたりは、これまでのブログに書いてきたことも含めて、近々発売予定のテレワークの極意にエッセンスを凝縮しようと思っている。

話は最初に戻るが、仕事でオンラインを使うと考えた場合、専門家でなくてもあれこれ考えるとアイデアはいくつも浮かぶ。「セミナー」や「研修」、「教育」は定番だろう。専門分野では「オンライン診療」や「オンラインカウンセリング」などもある。これからオンラインサービスは一気に増えることは間違いない。

世間では、ようやく営業もオンラインという動きが見えてきた。私は大歓迎だ。この営業という仕事、実際に会わないと商談は成立しないのだろうか？　そう思い込んでいる中高年のビジネスパーソンが大半だろう。でもそれは違う。時代は変わったのだ。

営業に必要なものはフェイス・トゥ・フェイスで、それが信頼関係の醸成につながるのか？　そのために何度も客先に足を運ぶ必要があるのか？　今は、代替えできる方法がいくらでもある。例えば、自らの情報発信をオウンドメディアで行い、自分のことを相手に伝える。どうしても必要な場合は食事会もありだろう。保険販売などで、すでにオンライン営業の動きが始まっている。

話題のオンライン飲み会も一考の価値がある。オンライン飲み会はもの珍しさもあって少しのブームになった。ただ、普通の人は何度か体験したら飽きるし、あまりしたいとは思わないだろう。私の会社では10年以上前から試しているが、現在では開催するにしても特別な納会や表彰パーティーくらいだ。

かつての私たちのオンライン飲み会の原則はこうだった。期初などの大事な幹部ミーティング（もちろん、オンライン）の後、まずはオンラインで30分ほど打ち上げの乾杯。その後、それぞれの拠点や場所で飲み会。仮に一人だったとしても居酒屋に行く。冗談半分の取り決めだったが、やはりオンラインとオンサイトの融合がベースだ。五反田の居酒屋で、シニアの集まりを何度も開催したが、そこにベトナムからオンライン参加するという企画を実施したこともある。

私はこの数か月、ビジネス上、当たり前にしていた飲み会が皆無だ。その分の時間を別のことに使っているので、未体験ゾーンとして楽しみながら新しい発見もたくさんあった。そして最近ずっと考えている。生活環境が以前のように戻ったとして、元のビジネスのやり方に戻るのか？　答えはNOである。できれば進化したいと思う。1週間、毎日開いていた飲み会を、週1回にしようと考えている。

“とっておきのオンサイト”を積極的につくっていく。そうすることによって、さまざまなメリットが生まれる予感がしている。今でも実感しているが、久しぶりに行く居酒屋、久しぶりに行く公園、久しぶりに直接会う友人の、なんと新鮮なことか。

今後、“とっておきのオンサイト”は、オンライン活用とのバランスをとるための使い方になっていくと思う。

2020/07/18

デジタルとアナログの上手な使い分けのトレーニングが必要な時代

#オンサイト　#オンライン　#オンラインビジネス　#アナログ　#デジタル
#デジアナ　#アナデジ　#情報共有化　#IT活用

オンライン活用は諸刃の剣だ。

デジタルとアナログで表現されてきた世界で考えると、この

20年、急速なデジタル社会の進展のなか、人類が経験したことのない悪影響やストレスが増大しているのは間違いないと思っている。

何かと話題のオンラインで仕事をするツールも、他のITツールやゲームと同じように、使い過ぎると人間には悪い影響があるのは間違いない。すでに数多くの専門家の指摘もたくさんある。ITを使い慣れている私も、ここ数か月間、やむなき事情に加えて意図もあり、どっぷりITにはまってみた。結果、マイナス面を新たに発見した。

ずいぶん前から子供のスマホ依存症は問題になっているし、もっと以前からゲーム脳の問題に対して警鐘を鳴らす人も世界的に多い。匿名性が薄れてきた今のSNSですら、誹謗中傷の被害者が後を絶たない。

私は、そもそも人間はアナログなのでデジタルに向いていないと思っている。だから、その特性や悪い影響をよく学習して、ある程度、使用制限がかかるようにしたり、バランスをとるために意図的にアナログ世界に浸る時間をつくったりすることが必要だと思っている。

テクノロジーの進化は人間の生活や仕事に恩恵をもたらすことも多々あるが、一方で人間への悪影響も数多く生み出した。

例えば、車で考えるとわかりやすい。車の普及は世界的に不健康の要因になった。私の地元の徳島県は糖尿病が多い県として有名だ。車を利用する頻度が高いのも原因の1つと言われている。

また、ご存知の方も多いと思うが、ベトナムは全国いたるところでバイクが走っている。結果、歩くことが得意ではない人が多い。健康にマイナスになるのは明白である。

いたちごっことは言わないまでも、今、大きな普及期の手前にある“オンライン活用”も少なからず人間に悪影響がある。この数か月で新たに発見したことも含めて、私が思うオンラインの悪影響をいくつかあげてみる。

私は、コロナ以前からお客さまとのオンラインミーティングを行っていた。商談の時間は、平均して約30分。対面の場合、訪問するにしても来社してもらうにしても、平均的には1時間程度かかる商談が、オンラインだと半分になる。時間効率はいいのだが、疲労度はオンラインミーティングのほうが高い。

私は以前から、時間が半分になる原因を考えていた。1つは、いろいろな空気感で感じる“間”がないこと。雑談が減るのである。オンラインで雑談をするには、よほど気心が知れていないと難しいと思う。

似たようなことだが、五感が使えない感覚もよくあるし、周囲の人に聞いても似た意見は多い。少なくとも嗅覚や触覚は働かない。存在としての気配も感じることはできない。画像のおかげで、表情はある程度はつかめるが、あとは声だけが頼りだ。言葉中心に限定的な画像だけで相手の表情や気分などをつかむのは難しい。

このように、ごく一部の限られた能力だけで行うコミュニケーションは、集中力を高めないと密度の濃いミーティングにはなりにくい。そして集中力を高めれば高めるほど疲れは溜まる。

慣れてくれば話をすることは比較的スムーズになるが、人の話を聞くにはやはり集中力が必要だ。1対1や少人数での対話はまだ楽であるが、複数が相手になると負荷は重くなる。話をしている人以外の人の気配が感じられないコミュニケーションは本当に疲れるのだ。

もう1つ、私は記憶ではなく記録重視の仕事スタイルだが、どうも記憶があいまいになることが多い。とくに連続してオンラインミーティングをした時に感じる。

1日に連続して数件のオンラインミーティングを行うと、時間効率はいいのだが記憶に残りにくい。それは、エピソード記憶が働いていないからだと思う。同じ場所に座りながら同じ画面を使ってミーティングを続けると顕著だ。ようするに、脳がデリケートに識別できていないように思う。

脳と言えば、ある脳科学者と話をした時に、TVの画面ごしに対話をすると、すでにその時点で脳が「生ではないと認識」し、脳の働きが変わると言っていたことを思い出す。このあたりも、個人的に興味津々なところで、私が学習したいテーマである。

また、資料の共有も少し面倒だという人が多い。私はどちらかというとデジタルな資料使いには慣れている。後々の共有などを考えた場合はデジタルのほうがやりやすいが、直接であれば紙の資料を渡す、見せるなど、いろいろな方法があり、面会に深みが増すという人もいる。確かにこれは五感の世界だ。

慣れていないと、オンラインでの資料の共有は骨が折れる。事前にしっかり準備して、使っている仕組みに合わせて共有のためのアップロードが必要だ。このあたりは、明らかに直接面会するほうが臨機応変な対応も含めて楽である。

書き出したらきりがないのだが、私は、都会の街を何気なく歩いていて、こんな光景を見ると、人間とはつくづく不思議な動物だと思うことがある。

それは、ビルの窓越しにランニングマシンで運動する人を見た時だ。窮屈ななかで一生懸命に便利さや効率性を求めて働き、移動して生活をする。人間はとにかく忙しい。その合間を縫ってのリフレッシュタイムではあるかもしれないが、健康のためと一生懸命に時間を捻出しては、狭いビルのなかで黙々とトレーニングをする。

なんとも不思議である。地方の自然のなかで1日ゆったりと過ごすほうがよほど健全だと思うのだが。まあこれが、人間のバランスのとり方なのかもしれないと思うところもある。

私は人間にとても興味があるので、デジタルとアナログ、あるいはオンラインとオンサイトの使い分けと両立を重要視している。この世界も計画的なトレーニングが必要な時代に入ったと思っている。このまま好き放題に進んでいくと、心身ともに不健全な社会が助長されるだけだ。何か1つでも健全な社会に向かうサービスを考えようと思っている。

2020/09/03

風の便りで人のことを気にしていた時代が懐かしい

#糸 #SNS #風の便り #個人の活動の見える化 #ライブ #メルマガ #SNS時代 #社会的動物 #情報発信 #投稿

今、SNSをまったく使っていない人が日本にどれだけいるだろうか？　ちなみに、最新の情報によると、年代別の差はあるにせよ、国民の半分以上は何らかのSNSを使っているという。

実際、仮に私が100人の方とビジネスで常時情報交換などをしているとして、電話とメールのみでやり取りしている方は10

名以下だと思う。ほとんどの方とSNSのメッセージ機能で気軽に情報交換している自分に気づく。

そうすると、ランダムではあるが、それぞれの方の活動が断片的にでも情報としてインプットされる。SNSを積極的に使っている人は、自分の活動を何らかの目的で常に情報発信、投稿しているからだ。

ただし、私がビジネス上とても気になる人がいて、毎日その方の投稿を全部見ているか？　と言われれば、答えはNOであるし、そもそもそんな時間はない。たまたま空いた時間に、たまたま流れていた情報として遭遇することがほとんどだ。シンプルに言うと、フロー情報にたまたま出会う状態である。自然体でランダムに部分的な情報をキャッチしていることになる。

これをSNSを運営している側の仕組みや機能に照らして考えてみると、ネットやSNSからの情報は意図的に操作されていると考えることもできる。

例えば、Facebookであれば、友だちとしてつながっているからといって、その友だちの投稿を全部見ているわけではない。仮に1000人の友だちがいて、その友だちが毎日1投稿するだけで、1日1000投稿が流れてくる。こうなると、とても使えるものではない。当然、サービスを提供する側は、さまざまな仕組みを用意している。これはどのSNSでも似たり寄ったりだ。それぞれの企業のビジネスモデルを少し研究すれば、すぐに見えてくる世界である。

改めて、「人を気にすること」を単純に考えてみる。

SNSなどがなかった時代、知り合いではあっても長年コミュニケーションがない状態であれば、基本的にその人の活動を知る術はない。せいぜい知り合いの知り合いから噂話を聞く程度であった。

例えば、5年ぶりや10年ぶりといった久しぶりの電話やメールでとても盛り上がる。稀に、どこかの街でバッタリ会うということもあり得なくはない。今は、日々この確率は減っていく。しかし、相手に知らせることなく、気づかれることもなく、相手のことを知ることができる可能性がある。それがSNSだ。

必要以上に「人を気にすること」が助長されるSNS時代にどう適応するか？　これは私の今の強い関心ごとの1つである。

いつ頃からだろうか？「風の便り」という表現をあまり聞かなくなったように思う。今であれば、「SNSの便り」とでも言うのだろうか？

「風の便り」の意味を調べてみると、「どこからともなく伝わってくるうわさ。風聞」(『デジタル大辞泉』より）とある。概ね良い意味で使うようだ。なんとも風情や人の機微を感じる表現である。そして、日本人らしいとも思う。気にかけている人のことを、ふと人づてや噂で聞く。風の便りのないのは元気な証拠。こんな時代が懐かしい。

今の若者が「風の便り」を経験することはもうないのかもしれない。デジタル世代の若者、つまり物心ついた時からSNSに囲まれて生活している世代にとっては、きっと知り合いのことを気にするセンサーというか感度が、我々アナログ世代とは違うのかもしれない。

私はITの仕事をしているとはいえ、ベースはアナログ世代である。SNSがない世界で、人のことを気にしてきた世代である。人のことを気にするというのは、人間が社会的動物である以上、誰もが持っている本能的な行動だと思っている。人間はとにかく、人のことが気になる。

そもそも、自分がどう思われているかを気にすることが一番多い。そして、この気になるには2種類ある。好意的に気なるのと、その反対で気になる場合だ。

自分がどう思われているのか？　という世界を劇的に変えたのが、匿名サイトである。いまだに匿名だからこそ起きる負の部分を引きずって、ネット上の誹謗中傷問題は後を絶たない。人間の持つ他人を攻撃する本能が助長されているのは明らかだ。こちらについては、また別の機会に書くとする。

今日は、知り合いのことが好意的に気になることについて、もう少し書こうと思う。

私は経営者のなかでは、自分の情報を発信しているほうだ。SNSの投稿だけでなく、ライブもしているし、メルマガも書く。

先ほど書いたことを反対にして考えてみる。私は芸能人でもなければ有名人でもない。だから、不特定多数に情報発信したり、何かを伝えたりしたいわけではない。SNSで投稿を始めたのも長年の友人から「近藤さんが最近、何をしているのか知りたいから投稿してよ」と言われたのがきっかけだ。

しかし、SNSやネットなどで発信することは、結果的に誰もが私の情報や投稿にアクセスできるということである。もちろん、限定的な投稿や発信はできるが、たいていのプラットフォームは単なる登録制なので、現実的には誰もがアクセスできる状態にあると言える。

発信する側の意識としては、自分に好意的な知り合いか、知り合いではないが好意的に受け取ってくれる方を意識して、情報を発信したり投稿したりする。わざわざ自分に対して批判的な人、あるいは自分とは合わない人に情報を届けたいとは思わない。

だが、アナログの口コミ時代でさえも、人間社会の特性として、それは不可能だった。結局、自分が望まない相手に対しても情報は届く。今はSNSやネットの仕組みで、広範囲に瞬時に届く可能性がある、ということだ。

こういったことを考えてみると、テレビに登場する有名人や芸能人の心境と同じなのかもしれない、と考えることが時々ある。普通の存在でも、情報が伝わる範囲が格段に広がった。逆に考えると、気になる人の情報を簡単に探せる時代になった。

だからこそ、ブレない生き方とは何か？　を考えなければいけない。"個人の活動の見える化"が進む時代、見ないで過ごすのか？　気になる人のことは検索してでも見るのか？　それを選ぶのは自分自身だ。

劇場で映画『糸』が大ブレークしている。私はもともとこの歌が大好きで、歌詞が秀逸だ。人との出合いを絶妙に表現したところがとくに気に入っている。この映画を見ながら、ネット全盛期の今、人の出合いやつながりにロマンや感動は残っているのだろうか？　とふと心配になった。この映画には風の便りがたくさん盛り込まれている。

第2章

今こそ新興国ビジネスを始めるチャンス

2020/08/04

この20年で経験した学びと コロナで感じるベトナムの未来の姿

#ベトナム　#新興国ビジネス　#信用ビジネス　#課題解決先進国　#課題解決型先進国　#NATO　#急成長のベトナム　#健全なビジネス　#地球との共生　#高度経済成長期

ベトナムと関わってきて早いもので20年を越えた。十年一昔という言葉があるが、20年となると本当に長い年月で、私がベトナムに初めて行った時から考えると、今のベトナムのすべてが信じられない。

私には、東京の『三丁目の夕日』の生活体験はない。仮に徳島県生まれではなく東京生まれであったとしたら、ベトナムのこの20年が違ったものに感じられていたかもしれない。そして、私が新興国にどっぷりはまって、ビジネスをしていなければ、映画『三丁目の夕日』に象徴される、過去の日本の高度経済成長期に今ほど強い関心は持たなかったと思う。

日本の高度経済成長期は華々しい成長と成功の裏で、数多の失敗をしている。多くの犠牲もあった。時間の経過とともに忘れられていくが、その失敗経験こそが日本の真の価値だと私は強く思っている。

そして、その結果としてできあがった今の日本を、新興国のお手本にすることはとても意義があると思っている。良い意味でのお手本ともなり得るが、悪い意味でのお手本、つまり反面教師としての日本が、これからのベトナムをはじめとする新興国や地球の健全化に役立つと考えている。こんなことを書くと、ど真ん中で経済発展に貢献してきた方々はご立腹するだろうか。

コロナ危機の過程において、今は「アフターコロナ」「ウィズコロナ」などと表現され、いろいろなイノベーションを創出しようという声が日増しに高まっている。私の周りでもある意味、ポジティブな話題が一気に増えてきた。

ただ、私は今までの思考回路や姿でのイノベーションの創出という意見には正直、懐疑的である。世間で起きている新しい動きは、今までの経済メカニズムの範囲の延長線上で考えていることがほとんどだと思うからだ。

そもそも、イノベーションとは技術革新だけでもなければ、常に新しい発見が必要なわけでもない。昔に戻ることも必要な時代だし、それもイノベーションだと思う。スティーブ・ジョブズが「イノベーションとはつなげること」と語っているが、私はこの表現が一番シンプルで好きだ。

本来向かうべき地球の姿、あるべき経済メカニズムに関しては、すでに半世紀前から専門家や改革派の人たちから明確なる警鐘を鳴らすメッセージが発信され続けている。そして、そういう声に共感、共鳴して活動してきた人も世界にたくさんいる。

その反面、残念なこともある。日本だけで見ても高度経済成長期の土台となり柱となってきたこれまでの経済メカニズムが限界にきているのが明白になっても、一向に変革しようという兆しがないことだ。昔のままなのである。

つまり、「経済発展のためには地球を壊しても仕方がない」とか「経済の発展くらいでは地球は痛まない」、あるいは「会社に貢献することに夢中なあまり、地球のことを考えたこともなかった」など、高度経済成長期を支えて懸命に働いた日本人は、このどれかに当てはまるだろう。さすがに地球を破壊してでも儲けようという人が多いとは思いたくないが。

1990年のバブル崩壊以降、「失われた10年」という言葉を何度耳にしたことか。それが20年になり、今は失われた30年になろうとしている。果たしてそうだろうか？　私はそうは思っていない。相変わらず目先の景気を良くすることばかりを追いかけている。

そもそも、高度経済成長期を経て進んできた道が間違っていた部分も多い。「真の変革の機会を逃し続けている50年」が正しい表現ではなかろうか？　そのスパンで考えると、今までは失われた30年ではなく踊り場として考えたい。正直、踊り場が長過ぎるとは思うが、何かの巡り合わせで遭遇した今回の世界共通の非常事態こそが、経済メカニズムを変革する絶好のチャンスだと思う。

日本は経済成長を急ぐあまり、とてつもない失敗をたくさん犯した。公害、農薬問題、環境破壊、健康問題……、書き出したらきりがない。かつてのごみの埋め立て地の実態など、今や日本人でも知る人は少ない。これを聞いて、今の日本にあこがれている新興国の人たちはショックを受けるだろうか？

大きな失敗をした直後の日本は純粋ではなかったのか？　過ちを反省し、懸命に改善に取り組んだのではなかったのか？　環境立国を掲げ出したのが1980年。その本気の活動はどこへ消えたのか？　日本国内が一時的に健全になったらそれで終わりなのか？　地球が健全にならない限り、日本も健全とは言えない。

ビヨンドコロナでは、ITを筆頭にテクノロジー中心のイノベーションばかりが話題になっている。建築を例にあげれば、これらは土台ではない。基礎にはなり得ない。単なるツールに過ぎないのだ。

新興国の発展も同じであり、日本の高度経済成長期の大きな失敗を知らない日本の経営者が、何かできる場所ではない。『テクノロジーは貧困を救わない』(外山健太郎著、松本裕訳)。この本は私のいち押しである。

私はビヨンドコロナを意図的に使っている。とはいえ、アフターやウィズを否定しているわけではない。言葉は何でもよい。根っこが大事であり、例えばSDGsは新興国のために行うのが基本だ。新興国＝これからの地球とも言えるのだから。

ベトナムのコロナ対策の徹底ぶりは、知れば知るほどすごい。ベトナム起業家の大成功もすごいが、ベトナム人経営者の社会的意識はもっとすごい。もはや日本に頼ることはなくなってきたと思う。

ただ、ベトナムもこれから大きな失敗をする可能性がある。人間は皆同じだからだ。だからこそ今の日本ではなく、高度経済成長期の日本の失敗を、日本は恥じることも、隠すこともなく、もっともっと積極的にベトナムやこれからの新興国に伝えることが大事だと思う。日本の役割は、過去の失敗を活かし、「転ばぬ先の杖」となることだ。

そういう意味でのビヨンドと、多くのものを犠牲にしてきたこの50年を超えて、日本は新しい未来を創る必要があると私は考えている。

2020/08/05

アジアにエースを送り込む時代は終わりに近づいている

＃ベトナム　＃アジア人材の活躍　＃アジアにエースを送り込め　＃新興国ビジネス　＃新興国の起業家　＃ベトナム人経営者　＃ビジネス教育　＃高度経済成長期　＃アジアでもうひと花咲かせましょう

私は、日本の若者に大学を卒業したらベトナムにある日系企業ではなく、ベトナム国籍の企業にダイレクトに新卒入社することをすすめている。もう十数年前からだ。いまだにレアケースを除いて、実現には至っていない。

その歩みは私の期待値よりも遅いが、少しずつ変化は見える。日本らしいと言えば日本らしいが、ゆっくりでも進展しているのは喜ばしいことだ。

その変化を簡単に説明すると、インターンの増加に現れている。20年前はベトナムでインターンをするような学生はいなかった。私たちが、最初にベトナムで学生インターンを受け入れたのが十数年前だが、かなり先駆的であったと思う。

その後、ベトナムでのインターンは世間でも当たり前になり、今ではベトナムで働く若者は一気に増えた。それだけベトナムが魅力的で安心な国として日本の若者にも認知されつつあるのだろう。私たちもさまざまな形で延べ100人のインターンを受け入れてきた。

日本の変化の何倍ものスピードで、ベトナムのビジネスの世界は進歩している。まさに、急成長とはこういうことを言うのだと思う。

機会あるごとにお伝えしているが、20年前のベトナム人の若者は、仕事をするにはあまりにも未熟で経験が少なかった。私もそう思っていたが、日本人と比較して中学生程度のレベルと思って接することをよしとする時代があった。

その後、少しずつ成長は見られたが、例外はあれど、10年前までは日本のビジネスレベルとは相当な開きがあった。10年前と言えば、ちょうどベトナムの起業家たちが活躍を始めた頃でもある。

この間の日本の経営者は、ベトナム人を活用するためには、とにもかくにも日本人を現地に送り込み、日本人がベトナム人をマネジメントする以外の方法はないと信じて疑わなかった。工場運営の構図をそのまま持ち込んだ会社も多い。日本人にとって新興国はアウェイであり、その分、皆が苦労を強いられたがゆえに、日本人が直接マネジメントする方法がベストと思ってきた。

かくいう私も20年前に進出した頃は、自分がベトナム人を「教えるんだ」「育てるんだ」と意気込んでいた。今振り返れば、前のめり過ぎだったと思う。経験がなかったゆえの失敗とも言えるかもしれない。

苦労を強いられたこともあったが、結果的にはベトナム人に教えられたことも少なくなかった。多くの学びがあったことが最大の財産である。

海外ビジネスを始めた時から、どこの国の人でも根っこは日本人と一緒だと思っていた直感が、最近は確信に至っている。

新興国には山のようにチャンスがある。どこの国にも同じように起業家が生まれてくるし、起業家でなくてもチャレンジ精神旺盛でハングリーな人は多く、努力次第でいくらでも成長できる環境がある。

私も長い間、ベトナムには関わってきたが、すべての変化をつかんでいるわけではない。そんななか、ベトナム人に対して、日本人のマネジメントはすでに必要のない時代に入ったと思っている。

実際にベトナムで成功している日系企業は、そういうやり方の会社が増えてきたし、ベトナム企業はベトナム人経営者の力でどんどん成長している。

結局は、ベトナム人がベトナム人をマネジメントすることに勝る方法はないと思う。教育にしても訓練を積めばベトナム人が教えることができる部分は多い。つまり、発展途上の他の国においても同じように進化できる可能性を秘めていることは容易に想像できる。

もちろん、日本人がサポートしたり、教えたりすることがまったく無くなったわけではない。しかし、少なくとも「ベトナム人の上司は日本人」というパターン化された構図は過去のものとなりつつある。

冒頭で書いた次の変化はほどなく起こると思う。私の長年の願望でもあるが、エクセレントなベトナム企業が増えていく過程で、日本の若者がダイレクトに就職することが当たり前になっていきそうなのである。そして、同じように日本人の転職組も増えてくるだろう。日本人がかつて、欧米などの外資系企業に転職してきたようなイメージだ。

大企業はどうしても守りから入る。だからエースを送り込み続けるだろう。一方で、中小企業は社長を除くエースはごくわずかであり、現地で任せられる人材がいなかったために進出が遅れてきた企業はたくさんある。

もっともっと積極的に新興国に投資して、新興国の人材を中・長期的なスパンで育てる勇気と度量のある会社が、新興国で活躍できる時代になってきたとつくづく思う。

2020/07/26

4年前にアフリカでビジネスを始めた理由と今後の役割

#アフリカ #アフリカビジネス #ルワンダ #ウガンダ #新興国ビジネス #信用ビジネス #EGA ビジネスカンファレンス #SDGS #ケニア #シンガポール

私が初めて訪れたアフリカの国は、ルワンダの隣国・ウガンダである。この初訪問の4か月後、ルワンダを訪れた際に会社を設立した。

アフリカのシンガポールを標榜しているルワンダは、「会社の設立が簡単な国ランキング」の上位にランクインしている。だから、訪問前から会社設立の準備はオンラインでほぼ終わっていた。スピード設立である。

なぜ、ルワンダに会社を設立したのか？

驚きをもって多くの人に聞かれた。また、アフリカでのビジネスをリスクの塊と言わんばかりの反応を示す方もいた。私がアフリカビジネスを始めるタイミングがきたと判断したのは、大きく分けて2つの根拠があった。

1つ目は、ルワンダがIT立国を目指しているという点だ。これについては、また別の機会に詳しく触れようと思う。

そして2つ目の根拠は、ベトナムの経験からだ。私は、1998年にベトナムビジネスを始めた。ベトナム人研修生を受け入れたのが始まりだ。神戸での起業家仲間でありG.A.コンサルタンツ株式会社の勝本健司社長に誘われてのことだった。

以来20年を超えて、ベトナムのビジネスに関わってきた。この20年の変化は私の想像をはるかに超えているし、さらに今後ベトナムにどれだけの変化が起こるのか、想像するだけでワクワクする。

数年前からのベトナムの発展ぶりを知って、「近藤さんは先見の明があるね」と言われる機会が増えた。そういう人に限って、私がベトナムに進出した2000年頃、好意的には思っていなかったりする。しかしながら、過去のことを覚えている人は少ないと思う。毀誉褒貶という言葉があるように、人間とは実に勝手なものだ。

実際、進出間もない頃は、ベトナムでのビジネス内容を説明するのにとても骨が折れたし、そもそも懐疑的な先入観を持つ人に話す時は、こちらも白けていた。そんなわけで、銀行やそういうカテゴリーの方々には、説明すらしないようにしていた。理由は簡単だ。「危なっかしい会社」というレッテルを貼られるからだ。

それが数年前から一気に評価が変わったのである。言うまでもなく日本のベトナム詣でが一気に盛り上がってきた時と重なる(現在、銀行のベトナム評価は高い)。

正直､勝算があってベトナムに進出したわけではない。だから、先見の明ではなく、偶然なのだ。

そんな長年の新興国経験のなかで、4年前の2016年5月にウガンダを訪問することになったのである。実は本当はこの年の2月に行く予定だった。3か月延びたのは、大統領選挙と重なったため、JICAから来ないでほしいとの要請があったからだ。

なぜJICAなのかというと、当時の社員が青年海外協力隊員としてウガンダに赴任していたからだ。着任して1年が過ぎようとしていた頃に、私も現地を確かめに行くことにした。

もともと彼は、新卒入社時からJICAでアフリカに行きたいという願望があった。私もいつかはアフリカに進出したいと考えてはいたものの、数年先くらいに思っていた。そんななか、社員がウガンダに赴任することになったわけだ。中小企業向けの民間連携制度を活用し、社員のまま出向という形でJICA隊員になった。

結果として私もウガンダに2度渡航し、彼の赴任地である地方のゴンバ県にも2回訪問した。1回目の訪問時には電気もなく携帯電話は当たり前につながらなかった。彼が赴任した当初はインターネットもつながらず、連絡は彼が首都のカンパラに戻ってきた時だけであった。

ちなみに、ウガンダは、かつての宗主国イギリスの首相チャーチルに「アフリカの真珠」と言われた素晴らしい気候の国だ。標高1,000メートルくらいの高原が広がっており、初訪問時の快適な印象がいまだに肌に残っている。

一方、そこには初めて触れるアフリカの混沌とした貧しい生活もあった。ウガンダを知ったことにより、必然的に周辺の国をいろいろと調査した。そして、帰国して間もなく、アフリカに進出するならウカンダとルワンダにしようと決めた。

結果的に、まずはルワンダを橋頭保として、東南アフリカ経済圏でのビジネス活動に注力することにした。ルワンダに現地法人を設立し、現在、ITエンジニアを中心に社員は15名だ。一昨年はいろいろな縁がつながってケニアでJICAの仕事もした。

設立から4年で事業活動の基盤が整い、今年の3月の訪問時には拡張のためのオフィス移転も決めていた。そんななかでのコロナ危機との遭遇だったが、これを乗り越えて次のステージに進む考えである。

また2019年1月、さまざまなご縁のおかげで、ルワンダのカガメ大統領と神戸市の企業との懇談会に招待された。数分のプレゼン時間であったが、ベトナムの経験をもとにルワンダでの取り組みを説明した。カガメ大統領からいくつかのコメントをいただいたが、「貴社のベトナムでの20年の経験は、ルワンダにとても必要なものです」と言われたことが何よりも心強かった。

急激な発展は必ず問題を引き起こす。この20年の間、ベトナムにもさまざまな失敗があったと思う。私たち自身も失敗の山だった。ルワンダのこれからにも、同じような局面がやってくるだろう。そういう時に、失敗から得た経験も含めて貢献できると思う。何よりも大切なのは、日本を反面教師にしてもらうことだ。

これからの時代は、一国の発展も地球全体の健全化を維持するなかでしか成立しない。だからこそ、日本の失敗を体験しているシニアの役割は大きいのである。

2020/08/07

アフリカ人が知っている 日本人の強みを知ることで日本が変わる

信用ビジネス　# アフリカ　# 新興国ビジネス　# ガーナ　# ルワンダ　# ジョハリの窓
日本の強み　# 日本の信用　# B ナビオン　# セーリングマスターアフリカ

日本人が知らなくて、アフリカ人が知っている「日本人の強み」が何かわかるだろうか？

「ジョハリの窓」という言葉をご存知の方は多いと思うが、これは心理学者のジョセフ・ルフト氏とハリントン・インガム氏が考案した概念で、自分自身が知っている自分の特徴と、他人が知っている自分の特徴を「解放」「盲点」「秘密」「未知」の４つの枠に分類したものだ。

とくに自分では気づいていない、他人が知っている自分の特徴に注目することは大事だ。ビジネスで言えば、顧客満足度の向上などのシーンでよく出てくる、お客さまの潜在クレームに意識を向けることがそれだ。自分が気づいていなくても、お客さまが思っていることを察することは大切である。

これはビジネスだけでなく日常生活にも当てはまる。自分の癖や特徴を知らない人は意外に多い。結構、身内や友人たちは客観的に見ているし、母親は自分が忘れている子供の頃の性分や癖をよく覚えている。今までの人生で、母親の言っていることが「当たっている」と感じたことが何度あったことか。

これと似たようなことが、新興国ビジネスにも当てはまる。新興国のほうが、日本の良さをよく知っていることも多いのだ。

私は長年、ベトナム中心の新興国ビジネスをしてきて、ずいぶん前から確信に至っていることがある。そのうちの１つが「日本は信用されている」ということである。それを私の造語で“信用ビジネス”と定義し、「日本は新興国で信用ビジネスをするべし」と発信してきた。とくに中小企業は“信用ビジネス”を軸に海外進出をするべきだと日本の経営者に伝えてきた。これは、私がベトナムなどで活動しているなかで、自然に身についた感覚というよりは、ベトナム人の経営者や自社の社員に教えてもらったというほうが正しい。

そのきっかけを書くと、私は十数年前、ベトナムのスーパーで買ったテカテカのリンゴをよくかじっていた。私は果物が好きなので、手っ取り早く、特段何も考えずに食べていたのだ。そんなある日、男性社員にこう言われた。

社員「近藤さん、そんなものを食べていたら死にますよ」
私「どうして？」
社員「それは中国産ですから」
私「そうなの。じゃあ、ベトナム産ならいいの？」
社員「ダメです。同じです。私はベトナム人だからよくわかります。日本のものがいいです」

その後、ビジネスパートナーからは「近藤さん、日本からベトナムに企業進出を支援しているのだったら、日本の信用をベースにビジネスを展開するようにしたらいいですよ」というアドバイスをもらった。この時ほど腑に落ちたことはなかった。それ以来、私は“信用ビジネス”という言葉をあらゆる機会に使ってきた。

一方で、日本の経営者がこのことに気づいているのか？　本気で取り組んでいるのか？　と言えば、残念ながら私が思い描いて目指しているところからはかけ離れている。今でも、日本側の目線で、会社の都合で、いかに新興国マーケットを開拓するかしか考えていない日本の経営者が多いことがとても残念でならない。相手の思っていることに耳を傾ける、「ジョハリの窓」が大切なのである。

実際に信用ビジネスで商売するとなるとハードルはいくつもあるが、経営者なら、まずは「なぜ日本が信用されているのか？」をよく考え、知ることが大事だ。

話は変わるが昨日、ブレインワークスが運営しているグローバルなオンラインセミナープラットフォーム「**Bナビオン**」の企画で、来日して30年を超えるガーナ人のアジマンさんとの対談を収録した。アジマンさんについては、当社のアフリカ情報電子マガジン『Sailing Master Africa』Vol.2の巻頭インタビューに登場いただいているので、そちらもご覧いただきたい。

1時間の対談のなかで、アジマンさんの口から出てきたのは以下の言葉だ。

「日本はアフリカで信用されています。ぜひ、その視点でアフリカビジネスを展開してください」

アフリカは物理的に日本からはあまりにも遠い。しかも、日本人の多くはリスクの多い地域と思っている。そもそも、アフリカの人たちが日本のことをどう思っているかにあまり関心はないだろう。

今、アフリカでは中国の活動が突出している。これが社会インフラの構築や地域の生活改善に寄与していることは、アフリカを訪問するとよくわかる。大事なポイントを押さえている。

ルワンダで国旗を売っていたお兄さんと意気投合したことがあるのだが、記念撮影をする段になって、彼が私を中国人だと思い、喜んでいたことがわかった。私の大いなる勘違いだ。私が日本人だと伝えると、わかったようなわからないような顔をしたのが印象的だった。やはり、日本人の存在感は薄いと再認識した次第である。

一方、アジマンさんの話もそうだが、日本の信用の噂は伝わっている。ありがたいことに、日本人が気づいていないところで、日本は信用されている。もちろん、必要以上に美化されていることも多いし、そもそも信用されているのは日本の商品レベルだと思う。ベトナムなどの経験に照らし合わせると真に受けられない部分もあるが、それでも日本は信用されている。ありがたいし、嬉しいことである。

中国などと比べて、「日本に貢献してほしい」「日本と付き合いたい」という理由は明確に区別してもらったうえでの、熱いメッセージと受け取りたい。

アフリカと信用ビジネスでつながれば、日本が次に向かう道はより鮮明になってくると確信に至った対談であった。

日本人は知らないが、アフリカの人たちが知っている日本の良さ、それは“信用”だ。今こそ、アフリカの人たちの思いを信用して日本が動く時だと思う。アフリカは物理的には遠いが、心の距離は近い。信用するという気持ちの部分では、とても強いつながりがすでにある。私は次のアフリカ拠点はアジマンさんの母国・ガーナに決めている。

2020/08/13

小さい国の役割と存在感を知れば世界の未来の可能性が見えてくる

#アラブ首長国連邦　#UAE　#ドバイ　#ドーハ　#カタール　#アフリカ　#ルワンダ　#ハブ空港　#オイルマネー　#エチオピア

今日はドバイの話をしたいと思う。あわせて、小さな国の世界での役割について考えてみたい。

私が縁のあるシンガポール、ドバイ、ルワンダに共通するのは、小さな国の先進都市であり、いずれもハブ機能を目指しているという点だ。以前、シンガポールとドバイを比較した記事をブログに書いたことがあるが、今はドバイからつながるアフリカをさらに深めていきたいと思っている。

皆さんは、ドバイに行ったことがあるだろうか？　テレビCMにドバイのゴージャスな7つ星ホテルの映像が流れていたのは、いつの頃だったろうか？

ドバイはUAE（アラブ首長国連邦）を代表する国の1つで、大都市である。世界第3位の広さを誇るハブ空港でも有名だ。

私が初めてドバイを訪問したのは5年前。JETROの商談会に参加した友人に会うためだった。テレビCMの印象しかなかったドバイだが、その発展ぶりは想像をはるかに超えていた。単なる突出した観光地ではない。イノベーションの塊のような都市だ。とにかくスケールが大きい。シンガポールとは対極にある都市だと初訪問で感じた。

すべてにおいて、つくりがゆったりしている。道路の幅、インターチェンジの大きさ、街の空間、都市のランドスケープ、何から何までスケールが大きい。何もない砂漠の上の都市開発を想像すれば理解はできることではあるが、実際に砂漠の上にできたこの街を訪れて驚かない人はいないだろう。

しかも訪れるたびに思うのだが、止まることなく発展している。一時期、開発が止まったように感じたこともあったが、それは単なる小休止だったようだ。

私はそれほど頻繁にドバイに行っているわけではないが、数回のドバイ訪問のなかで、必ず友人を案内したくなるのが、海を埋め立てて造った人工のリゾート都市「パーム・ジュメイラ」である。私は神戸の埋め立て地に住んでいるが、発想とスケールが違う。出発点はオイルマネーだと思うが、今や世界の富裕層が連続的に際限なく集積する場所になっているようにさえ感じる。

一方で私の興味は他にもある。それは食であったり、農業であったり、多岐におよぶ。スーパーであれこれ見ていると、アフリカ産の果物も多い。人材にも強い関心がある。レジにはベトナム人がいる。タクシーの運転手はパキスタン人だ。皆、私が日本人とわかるととてもフレンドリーに話しかけてくれる。

先ほども書いたが、ドバイは果てしない建設ラッシュである。パキスタンやインドから出稼ぎに来た労働者が働いている。インドの都市・チャンディガールを訪問した時に、建設労働者を派遣している経営者と面会したことがあるが、ドバイでは尽きることなく労働者ニーズがあると聞いた。一体、ドバイはこれからどんな国になっていくのだろうか。

日本の大手ゼネコンが活躍している話も聞く。今年はドバイ万博が予定されており、私も参加する予定だった。それにあわせて、数回のドバイ・アフリカツアーも計画していた。

ちなみに、私のこういった旅の終着点は、現地法人があるルワンダであるが、ここで日本からアフリカまでの行き方を簡単に紹介する。世界はつながっているので、ヨーロッパ経由でどこからでも行けるが、コストと時間を考えると、やはり中東経由がベストチョイスだ。

私がルワンダに行く時は、だいたいこの2通り。1つはカタールのドーハ経由。これが時間としては最短コースである。しかも、世界でも最高クラスのカタール航空なので、とても快適だ。もう1つがドバイ経由だが、こちらは少々遠回りになる。ドバイからエチオピアなどを経由して、ルワンダに向かうルートだ。

ビジネスパートナーであり、中東通でもある新谷恵司さんは、「ドバイはアフリカの玄関である」と言う。ドーハも同じように、アフリカの玄関と言える。

ただ、新谷さんの言う「ドバイはアフリカの玄関」の意味はもっと深いと思う。実際にドバイを訪れればわかると思うが、この街が世界につながっているということを、瞬時に体験できる。米国やヨーロッパの感覚とは違う。当然、中東でありイスラム圏であるという慣れない感覚はあるにしても、世界の人種が結集している場所の1つだ。しかも、アフリカと近いため貿易も盛んだと推察される。

小さな国は、総じて外交上手で柔軟性に富んでいる。そして、ITで世界がつながる時代、情報のハブになるのに国の大小は関係ない。人が集積するところに情報が集まるのは自明の理だ。ネットだけの情報では危うい。多様な人が集積する場所、それは小さい先進的な国である。近い将来、ルワンダもそうなると確信している。

ぜひ、一緒にアフリカの玄関からの“アフリカの旅”を楽しみましょう。

2020/09/15

エストニアとルワンダを“つなげて”できそうなこと

#バルト三国　#エストニア　#リトアニア　#ラトビア　#電子政府　#IT立国　#ルワンダ　#ICT立国　#電子居住制度　#EGAビジネスカンファレンス

1年前の今日、エストニアを初訪問した。1年はあっという間だ。それにしても激動の1年であった。

先日のブログにも書いたが、バルト三国と呼ばれる国の1つ、エストニアはIT業界でビジネスをする者にとって、とても気になる存在だ。スタートアップを輩出している国としても有名だ。誰もが知っていると言っても過言ではない、あのスカイプが誕生した国でもある。それだけでも、IT 業界が発展しているように思える。

そして何よりも有名なのが、電子政府である。エストニアでは、行政サービスのほとんどが電子化されている。このような先進的な取り組みは世界中から注目されている。

「電子居住者制度（e-residency）」という仕組みも興味を引く。これは 2014 年に始まった制度で、オンライン上で世界の誰もがエストニアの電子住民になれる。世界の起業家がこの制度を利用して、エストニアの起業にチャレンジしている。確かに魅力的な制度だと思う。

エストニアは、電子政府の実現で先進諸国に後れを取っている日本がとくに注目している国の 1 つだが、実際に安部首相も 2018 年 1 月に訪問している。首相も電子居住者として登録しているようだ。

エストニアは本当に小さな国だ。人口は 130 万人強。バルト三国のなかでも一番小さい。面積は九州と同じくらいだ。ちなみに、九州の人口は約 1,400 万人。比較すると、とても人口密度が低い。のんびり、ゆったりした雰囲気を感じるのは納得がいく。

先日のブログでも書いたように、私はリトアニアからバルト三国に入り、ラトビアを経てエストニアに入国した。小国といっても国が違うと印象もまったく異なる。ラトビアの首都・リガから高速バスで数時間、午後3時頃にエストニアの首都・タリンの旧市街地にあるホテルに到着した。そして中世の姿が残る旧市街地を散策した。世界遺産に登録されている旧市街地を見るだけでもエストニアに来た価値はある。

私は観光で訪れたわけではないが、ホテルでばったり旅行会社の知人と会った。旅行会社協会の研修旅行に来たという。最近、エストニアは観光地としても人気が高いそうだ。

夕方から友人の中嶋雄士さんと合流し、夕食を楽しんだ。友人を介して知り合った中嶋さんはエストニアに住んでいて、この地で起業した変わり種である。彼は「世界の小さい国に興味があるんです」と言う。元相撲取りの把瑠都氏はエストニア出身で、中嶋さんは交友があるらしい。いろいろな所で人はつながるものだ。

また、中嶋さんはすでにルワンダでも面白いビジネスを始めているので、ルワンダでもつながった。知り合ってまだ1年半くらいだが、今時の日本の若者には珍しく、物怖じせず、大胆に世界を走る彼の将来が楽しみである。

私は新しい街に行った時、できるだけ一人で散策をする。雨模様ではあったが、2時間ほど、早朝のタリン市街を歩いてみた。旧市街地の周辺は先進的な都市開発が進む様子が見て取れた。確かに先進的なビル群からはIT立国を連想しやすい。メディアだけの情報では誤解も生じるはずだ。わずか1泊の滞在ではあったが、北欧とバルト三国の関わり、周辺国の様子がある程度つかめた。

今年の5月末、エストニアでのEGAビジネスカンファレンスを計画していたが、実現できなかった。ウクライナにも足を延ばして、次の展開を判断しようと思っていたのに残念だ。

一度行けば、それを手掛かりにさまざまな情報が入ってくる。エストニアを訪れる日本人経営者は急増しているという。ただ、その目的のほとんどは行くだけになっているようだ。かつて、ベトナムなどで視察ばかりを繰り返し、現地の経営者の不満を募らせた日本人のパターンがここでも繰り返されている。日本はそろそろ別の視点で新興国と付き合う時代ではないかと思う。

私はこれからの世界は小さい国の存在感が増す時代だと考えている。それが必然的に世界の多様性の維持・発展へとつながる。そういう意味でも、私は小さな国の発展に興味があるが、すべての小国がIT立国とはいかない。そもそも、遅れた状態で小さいがゆえに、電子政府もIT立国も成り立っているという側面もある。それこそ、小さい国の発展モデルはもっと多様であるほうが自然だ。

IT立国について少し掘り下げると、インドや中国がかつてそうだったように、優秀な人材が数多く存在する強みはIT産業にある。この分野での優位性は、結局は優秀な人材の数になる。そうすると必然的に小さい国の限界が見える。だからこそ、どういう形で周辺国や世界とつながるかが重要になる。

私たちの現地法人があるルワンダも小さな国だ。面積は四国ほど。人口は約1,300万人。エストニアよりははるかに多いが、アフリカのなかでも世界のなかでも小国である。

この2つの国を比べてみるだけでもいろいろな発見がある。まったく地政学的位置も歴史的背景も違う2つの国。ルワンダとエストニアの2つの国をつなげて、小さな国の意義のある自然体な発展の姿をつかんでいきたいと思う。

2020/09/22

新興国におけるスポーツの価値と意義

#ベトナム　#スポーツビジネス　#アフリカ　#新興国　#ナイジェリア
#スポーツ大国　#スター誕生　#テニス　#卓球　#ゴルフ　#バドミントン

新興国で活動していて常に気になることの1つがスポーツだ。もともと私は、平均以上にスポーツをするのも観るのも好きなので、新興国で活動する時は、その国のスポーツの状況を知ることから始める。

一番活動が長いベトナムの事例で説明する。まずは、この20年間の変化でおおまかに書く。大人がどんなスポーツを楽しんでいるかは、街を歩くだけでもわかる。20年前のベトナムは、テニスとバドミントンだった。とくに専用コートが必要なテニスとは違い、ちょっとした空き地でもできるバドミントンがベトナムでは目についた。今でもバドミントン人気は変わらないと思うが、20年前はとにかく皆がバドミントンを楽しんでいた。室内スポーツと言えば、卓球が定番だったと思う。

そして最近、急速に強くなってきたのがサッカーである。20年間で徐々に盛り上がってきて、この数年間は国際大会での結果も良好である。愛国心が強いこともあり、サッカーチームが勝利するとホーチミンのような大都会では街中、夜通し大騒ぎだ。一度、遭遇したことがあるが、とにかく興奮のるつぼだった。日本でも昨年のラクビーの盛り上がりは記憶に新しいが、国民が一丸となって熱狂することができるのもスポーツの価値だと思う。

ベトナムの社員とはよくバドミントンや卓球をしたものだ。彼らはバドミントンがとても上手だ。これだけの下地があって、育成強化ができれば、近い将来、日本のようなレベルになるのも間違いないと思っている。

このように、ずいぶん前からベトナムなどの新興国と日本をスポーツの世界で比べているが、やはり、日本は際立って恵まれていると思う。もちろん、とてつもない努力をするアスリートやスポーツ選手には本当に敬意を表するが、新興国はスポーツをするにもその環境がないのが実態だ。スポーツ大国日本は良くも悪くも先進国で豊かな国だから成り立っていることを痛感する。

ベトナムなどの新興国が、経済発展とともにスポーツの世界も成長するのは間違いないと思うが、今さらながらギャップには驚く。これがアフリカになるとなおさらである。

昨日、TAIYO株式会社の代表取締役である伊藤政則さんの招待を受け、「A-GOAL24時間チャリティーLIVE」というアフリカスポーツチャリティイベントの1コマで、1時間程度のセッションタイムをいただいた。さすがにアフリカのスポーツには精通していないので、私は「アフリカで活動を始めた理由と貢献したいこと〜イノベーションとSDGsは新興国から」と題して話をした。

伊藤さんは、ナイジェリアを中心に若手のスポーツ選手をスカウトして、日本のスポーツ界での活躍をサポートしている。そして、アフリカの若者が日本で多くの経験を積み、将来、母国に戻ってからもさらに活躍できるための仕組みづくりもしている。本当に感服する。

24時間オンラインのチャリティイベントだったので、さすがに全部は視聴できなかったが、部分的に視聴していて感じたことがある。それは「スポーツは純粋で、とても多くの人を引きつけるエネルギーの強さがある」ことだ。とくにアフリカでのスポーツビジネスに関わっている方々の熱き思いには、日本人が学ぶべきことがたくさんあった。

こういった機会をいただいて、十数年前にベトナムで取り組もうと真剣に考えていたことが蘇ってきた。その頃のベトナムには、いわゆる"スター"と呼ばれる人が存在しなかった。シンプルにスター誕生を応援できないかと考え、スポーツやエンターテイメントでできることをいくつか考えた。

まずは、プロゴルファーを育てる環境づくりに取りかかることにした。ベトナムのゴルフ協会のボスと議論もした。経営者を中心に富裕層がゴルフを始めたタイミングとも重なり、彼らのなかには、自分の子供にゴルフを習わせている人も多かった。

そういうこともあって、10年前にホーチミンの高級住宅街でゴルフショップを始めた。すでにこの事業は行っていないが、その当時の計画書では、プロゴルファーを育てる教室やスポンサーの仕組みづくりなど、いろいろな構想が膨らんでいた。実際に、ジュニアゴルフ選手権の優勝者のスポンサーを1年ほどしたこともある。

紆余曲折あって、ビジネス化には至っていない。しかし、今でもベトナムでスポーツの世界で活躍する人を応援する想いは変わっていない。

昨日のセッションのなかでも話したが、伊藤さんと連携して、サポートいただきながら、ベトナムのスポーツ業界の発展に貢献しようと決意を新たにした次第である。

第3章

シニアパワーとウーマンパワーが新たな未来をつくる

2020/06/14

人生100年時代、自立が「Happy Life」の必要条件

#アクティブシニア #もし波平が77歳だったら #シニアファースト
#人生100年時代 #仕事は自分で創れ #シニア起業 #シニアジョブ

今や人生100年が当たり前になった。私が社会人になった約35年前、一般的な会社員の定年は60歳だった。それが今や70歳定年が当たり前になりつつある。実際、70代でバリバリ働く人も増えている。なかには70代で初めての起業にチャレンジする方にも時々出くわす。昔と比べたら、ただただ驚きだ。

2015年に拙著『もし波平が77歳だったら』を上梓した。ありがたいことにそれ以降、元気なシニアの方にたくさん巡り合った。拙著でも「アクティブシニア」と表現した。同時に、シニアの課題や苦悩もたくさん知った。共働きがほとんどなかった世代だから当然だが、70歳を超えて働く人の大半は男性だ。

元気に活躍されている方々には共通事項がある。それは「自立」だ。彼らは、社会にも会社にも依存していないのである。もしかしたら、家族にも依存していないかもしれない。

私は常々、「シニアファーストで日本を元気に、そして世界を

元気に」を標榜している。だからこそ、シニアの自立にとても関心がある。そして、ここに“これからのシニア”が進む道が見えていると確信する。

60歳定年が当たり前だった時代、常識のように言われていたことがある。それは「大企業を定年した人は、華々しい現役時代と比べて、リタイア後の生活があまりHappyではない」ということだ。

有名企業の看板や肩書、そしてプライドを捨てきれず、社会や身近なコミュニティに馴染めないのである。大企業での立派な経歴を持つ人ほどそういう傾向がある。「彼らは可哀そうだよね」という同情のニュアンスが混ざって揶揄されることも多い。今でも、こういう予備軍はたくさんいると思う。

実際、私もビジネスの場で実感している。仕事柄、私は同世代から1つ下の世代、つまり40歳以上の方々との接点も多い。世間では仕事ができると評判の高い人でも、「この方、今の会社を離れたら、自立して生きていけるのだろうか？」とついつい余計な心配をしたくなる。たいてい、こういう人は「自分の会社＝社会」であるかのような言動をする。私からすれば、今の社会を知らないのである。

「自立」とは、必ずしも「独立」することではない。もちろん、独立することはいくつになっても勇気がいるしチャレンジングだ。失敗を覚悟でトライしないと成り立たない。ローリスクハイリターンは存在しない。自立を越えた、レジリエンスも要求される。だからこそ、シニア起業の場合はローリスクでそこそこのリターンが望ましい。

独立ではなく、自立とは何なのか？　一言で言うと、人や社会に依存しないことである。拙著『もし波平が77歳だったら』にも書いたが、例えば、シニアになったら料理を自分でする、というのも自立の第一歩である。今のシニアで料理ができない人は、時代背景と重なってたくさん存在する。バリバリと仕事だけをしていた世代だ。イクメンとはほど遠い。

奥さまが面倒を見てくれる間はいいが、そういう恵まれたケースは少ない。さらに掃除や洗濯に至る家事までとなると、ほとんどの人がお手上げ状態ではないだろうか？　企業に勤めていた時は自立しているように見えていたけれど、仕事を離れた途端、自立できていなかったことが露呈する人は、50歳以下でもたくさんいる。

では、定年後に迷走する人は、現役時代の仕事でも自立していなかったということなのだろうか？　そもそも仕事で自立するとはどういうことなのか？

一流の大きな会社になればなるほど、仕事ができる人が多く集まっている。鍛錬の場としては最高だろう。しかし、それ以上に会社の仕組みが鉄板のようにできあがっている。場合によっては、アシスタントも充実している。優秀な人が周りにたくさんいて、サポート体制も充実している。しかも、仕事もきれいである。

その結果どうなるか？　結局、部分的にそこそこの仕事スキルがあれば、適材適所も機能しているし、それなりに仕事ができる人にはなれる。「2：6：2の法則」に当てはめれば、上位の2割に入れなくても、中間の6割で十分にやっていけるということだ。しかもそれでも一流企業の社員という勲章までもらえる人が結構いる。勘違いも生まれて当然だ。

一方、中小企業は、もともとそれほど仕事ができる人が集まっているわけではない。会社の仕組みも不十分だし、不完全のことも多い。また、アシスタントを配置できるほど余裕のある中小企業は少ない。一般的によく言われるが、自ずとオールマイティ型の人が会社の中心になる。その極みが何でもこなさないといけない中小企業の社長である。

一概に大企業と中小企業を比較することはできないが、大企業で働いていた人のほうが、定年になってからの不自由は多い気がする。それだけ普通の世間とのギャップが大きくなるのである。定年後の世間は、優秀な人ばかりではない。仕組みもないし、大小さまざまな問題や課題がゴロゴロしている。舗装されていない世界なのである。

私の考える自立を要約するとこうなる。

「いざ一人になった時に、仕事だけでなく生活なども含めて、大抵のことが自分でできること」

若い頃は、大企業でも中小企業でも、どちらにいても大差はなかった。ところが、長年同じ環境で働いていると、使う仕事の筋肉が違ってしまう。だからこそ、今、大企業に勤めている人に言いたい。50歳を過ぎて、あるいは定年後に自立して生活したいのなら、今すぐ自分の自立スキルを磨いておくことだ。この自立は本来、幼少期から身につけるのが理想である。しかし意識さえすれば、40代からでも手遅れではない。何とかなると思う。将来の準備を今すぐ始めることをおすすめする。

自立スキルの磨き方は次回以降で書きたいと思うが、1つだけ先に書いておくと、言われたことだけをするのではなく、「仕事は自分で創る」ことが重要だ。

私の経験上、シニアの1つの専門スキルは貴重で重宝する。しかしそれ以上に、自立している人がもっとよい。新しいことにも一緒にチャレンジできる。とくに超高齢化社会の克服は日本の大きな課題だ。未来を一緒に創れるシニアがこれからの時代を築くのである。

2020/06/16

皆さんは名誉教授という称号をご存知だろうか？

#名誉教授　#名誉教授ドットコム　#シニアファーストで日本を元気に　#川添良幸
#オンラインセミナー　#ブレインワークス　#自然産業研究所　#記録の世紀　#生涯現役ノート

「名誉教授ドットコム」という会社が今年の4月1日に設立された。類似の弁護士ドットコムは、今や一流企業の仲間入りの感がある。弁護士と言えば、一般の生活者にも馴染みのある職業である。実際にお世話になっている人も多いと思う。

では、どれだけの皆さんが、名誉教授という制度の存在をご存知だろうか？

名誉教授を少し調べてみると、結構歴史は古い。名誉教授制度が最初に導入されたのは1893（明治26）年。当初は帝国大学のみであったが、その後、少しずつ対象範囲は広がってきた。1950年からは「教育基本法」に規定が盛り込まれ、すべての大学が対象範囲になったようである。

その頃の名誉教授とは、定年を迎えた教授のなかで、一定の実績を上げた人に付与される栄誉称号であった。現在、国立大学法人の教授の定年は65歳である。人生100年時代、なんともったいないことかと私は思う。すでに一般的なビジネスパーソンの定年はずいぶん延びている。今や70歳定年は当たり前になりつつある。

実は、大学の教授にも一般のシニアと同じような境遇にある方が多い。現役を続ける意欲もあり、活躍できる価値もあるのに、活躍の場が失われてしまう。

「なんともったいない」。「名誉教授ドットコム」の代表取締役であり、ご本人も現役バリバリのスーパー名誉教授である川添良幸さんの口癖である。生涯現役を貫く川添さんは、私の羅針盤のような方でもある。ちなみに、川添名誉教授の実績や功績については、ぜひ、インターネットで検索してみてほしい。その充実ぶりには驚く。

日本には、シニアの知恵が埋蔵されている。私は常々そう思っていた。名誉教授の知恵をつなぐ。世界にもつなぐ。そして、次世代にもつなぐ。

川添さんのご講演には毎回脳が刺激される。例えば、「学校の教科書を鵜呑みにしない。間違いはたくさんある」「観察するだけでは学びにならない」などなど、目から鱗が落ちる話が満載だ。ぜひ、川添ワールドと名誉教授ドットコムを体験してほしい。

日本のノーベル賞受賞者は近い将来激減すると言われている。

それは、基礎研究の機会が減ってきたからだ。川添さんは常々こうおっしゃっている。

「無駄なことをしないと新しい発見や発明などない」

僭越ながら、私は「名誉教授ドットコム」の応援団の一人として、日本のシニアの活躍の機会の創出を実現する一人として、川添さんが目指しておられるように、「名誉教授ドットコム」が将来のノーベル賞を輩出するプラットフォームになることを切に願っている。

2020/06/27

女性社長が経済の中心で活躍し日本が変わる時

女性活躍社会 # 女性起業家 # ジェンダーギャップ指数 # 老若男女多国籍 #B ナビオン # ハッピーキャリア # 女性社長

社長は個性的な人が実に多い。これは老若男女、皆一様にそう思う。また私も含めて変わり者が多いのも事実だ。そして、男性が圧倒的に多い世界でもある。

2019 年の「東京商工リサーチ」の調査によると、ここ数年、女性社長は増加傾向にあり、5 年で 1.5 倍になったとある。2015 年に施行された「女性活躍推進法」や政府が提唱する 1 億総活躍社会の実現に向けた活動が寄与していると思われる。しかし、それでも女性社長率は全体の13.5%と、相変わらず低い。

私は比較的、女性社長との付き合いが多いほうだと思う。私の運営する出版会社でも多くの女性社長の本を出版してきた。もっと女性社長が増えてほしいと常々思っている。女性社長には慎重で堅実な方が多いが、これからの時代にマッチしていると感じる。

女性社長の特徴を一言で言うと、良い意味でガツガツしていない。対照的に男性社長はガツガツしているのが代名詞だと思う（もちろん例外もいるが）。本能的にそういう生き物だから悪い意味ではないが、時代は変わった。経営環境も激変している。今回のコロナ危機で変革後の次のステージも見えてきた。

今はビジネスの前提に“地球との調和”が必要な時代である。話題のSDGsを見ても、社会的貢献と経済的価値の両立が基本だ。それには女性社長が向いていると私は思っている。

いまだにメディアやベンチャーの躍進を支援、応援する世界では、とにかく大きな事業、スピーディーな成長を称賛する。そうでなくても、今までの経済メカニズムのなかで、いかに儲けるかを先行し過ぎてきた。地球が破壊されようが、自分たちには関係ないと思っている企業は多くある。

女性社長が利益を追求していないという意味ではないが、常に地に足がついており、身近な生活環境の変化や困りごとに敏感で、当事者としての苦労も経験している。たとえ事業が小さな単位であったとしても、マクロで見れば日本が抱える全体の課題に焦点が当たっていることが多い。少子化しかり、高齢化しかりだ。健康や教育についても女性のほうが多様な現実の課題をよくわかっている。コロナ危機で、さらにそれが明白になったと思う。

男性社長はとにかく夢を追いかける。私も創業時はそうだった。先だけを見る。できるだけ広く見る。大きなことを言う。世界に出たがる。その分、今の時代に大事な足元が見えていないことが多いと思う。大きい小さいではなく、ロマンが大切と言いながら突っ走る。それが、どうも時代に合わなくなってきたように思う。

日本のような先進国には、すでに世界的に見ても一流の大企業があり、今の経済メカニズムの世界ではまだ主役である。欧米には、大企業のCEOを務める女性もいるが、日本では大企業の経営者に女性は皆無だ。先ほど男性はガツガツしていると書いたが、この意味は実は多様である。会社経営をお金儲けの手段としか考えていない社長もいれば、ゲーム感覚の社長もいる。社会貢献のために情熱的な社長もいる。

とはいえ、やはり男性はガツガツしていると思う。とくにIT系や金融系に多いと感じるのは私の偏見だろうか？　一攫千金のチャンスが多いように見える世界であるのは間違いないと思う。若い起業家がこちらになびくのは、残念なことである。

地球はすでに悲鳴をあげている。早急な地球と人との調和が必要だ。地球を健全化する事業というのはとても重要であるが、残念ながらベンチャー企業の力では部分最適ですら実現は困難だ。本来は大企業が取り組むべきことだが、従来の経済メカニズムに毒されている。

普段女性社長と接していると、とてもスローな感覚になる。やはり地に足がついているからだと思う。基本的には女性は大きなことをしようとしない。経営は稼がないといけないのは当たり前としても、金儲けだけに走らない。言い方を換えると、女性は守るという本能で生きていると思う。攻めか守りかで言えば、守りの傾斜が強い。改革という意味では攻めが先に浮かぶ。しかし、私は改革というのは良いものを壊してまで新しいものをつくってはいけないと考えている。だからこそ、良いものは女性が守るのが自然だと思う。

日本のビジネスや経済はとうに大きな岐路に立たされている。これは世界も同じである。守るべきものは守る。たとえ経済的価値を犠牲にしてもだ。そんな時に女性の生活目線で、できる範囲で経営を行い、社会に貢献し、収益を上げるというスタンスが、クローズアップされる時代なのである。日本は待ったなしで、高齢化や地方の活性化など、小さな単位での新しい取り組みや改善が必要なのだ。

ただ、女性社長が増えれば社会は変わると思う反面、日本では簡単には実現しそうにない。あまりにも有名な話だが、昨年の12月に「世界経済フォーラム（WEF）」が発表したジェンダー・ギャップ指数で、日本はなんと121位だった。この指標は、ジェンダー間の「経済的参加度および機会」「教育達成度」「健康と生存」「政治的エンパワーメント」の4つからなっている。詳しくはネットなどで見ていただければと思うが、項目だけで日本が下位なのは想像できると思う。ちなみに、私の会社のアフリカ拠点であるルワンダは9位である。

もちろん、単純に比較できるものではなく、背景にあるものの考慮が必要なケースはあるが、少なくとも新興国のこれからの発展には女性が寄与する機会は多いと思う。このジェンダー・ギャップの現実を改善しないまま、女性社長を増やそうというのは無謀だと思う。

日本においては、暮らしの中心であり、子供の教育には女性の存在が欠かせないことを考えると、男女ともに働き方や役割を根底から考え直す時代にきていると思う。

企業が女性の考え方や問題意識、改善のアイデアなどをもっともっと活用するなど、大小問わずに、企業は女性の知恵や生活体験を経営に取り入れて、ビジネスの思考回路や仕組みを再構築することが必要だ。

そうすると必然的に、子育て中であっても介護中であっても、時間ではなく付加価値での貢献が可能になる。そういった経験を積みながら、一定割合で社長にチャレンジする人が出てくる下地ができるのではないだろうか。

私は創業時から女性活躍社会を応援してきた。今後は「**Bナビオン**」サービスなども活用して、さらなるパワーアップを目指したいと思う。

2020/06/30

ハイエイジの女性とのお付き合いは実に奥が深い

#暮らしの物語 #ハイエイジの女性 #もし波平が77歳だったら
#シニアファーストで日本を元気に #生涯現役ノート #人生100年時代 #共働き

ここ数年、ハイエイジの女性の方々とのお付き合いが増えてきた。必ずしもビジネスに関係することばかりではない。今は彼女たちと社会課題を一緒に考えたり、ハイエイジ時代の豊かな暮らし方のための仕組みづくりを一緒に進めたりしている。

ハイエイジの世代との付き合いが増えたきっかけは、高齢化社会の問題提起をした拙著『もし波平が77歳だったら』を企画・出版したことだ。この本を発刊した当初は、正直、タイトルのイメージ通り、私の頭のなかの90％以上は男性シニアが支配していた。

その理由は簡単だ。1つは、私が現役の経営者であり、シニア世代を働くことやビジネスの視点から見ていたこと。人生100年時代の到来間近。いくつになっても働ける社会をつくろうと思った時に自然と男性シニアに視線がいった。そしてもう1つの理由は、これまでハイエイジの女性との接点がなかったことである。ビジネスの相手としてはもちろんのこと、普段の生活においてもそうであった。

私は田舎育ちなので、子供の頃、当たり前に家におばあちゃんがいた。もう50年以上前のことなので波平の本の話ではないが、おばあちゃんといっても50歳を超えたらそう思われていた時代だったと思う。

この本を出版してからたった4年で、思いがけず人とのつながりが広がり続けている。「本が人をつなぐ」ことを実感している。

自然体でさまざまなお付き合いが広がっていき、今ではすっかりハイエイジの方々との新鮮で刺激的で奥の深いコミュニケーションを楽しんでいる。いくつになっても元気な女性の方々の生きざまや暮らしにとても関心を持つようになった。そして、日本の財産として伝承していこうと強く思っている。

そんななかでも、「ライフカルチャーセンター（LCC）」を経営する澤登信子さんは私にとって、特別な羅針盤である。

澤登さんは口癖のようにおっしゃる。

「近藤さんの世代には、私たちの活躍を応援するナイトになってもらったらいいのよ」

女性シニアではなく、「ハイエイジ」と呼ぶことも教わった。コロナ危機中もお互いにオンラインを駆使して、ハイエイジの方々の活躍の場をつくるための意見交換をした。先日は、オンラインで講演をしていただいたが、彼女の話は本当に切れ味が鋭い。70代後半だが、とても聡明だし現役の経営者でもある。

彼女は「男性は経済、女性は暮らし」ということもよくおっしゃる。とくに今のシニアの世代はこの2つで区分されると。実に含蓄のある言葉だ。男性は経済の中心であり続け、女性は暮らしの中心であり続けてきたのが日本である。確かに、納得。正直、私はこういう視点で経済を見たことがなかったのでとても刺激的だったと記憶している。

実際に私の世代あたりから共働きが比較的多くなってきたと思

う。今はある意味、共働きが当たり前にはなったが、新たな課題も多く、社会問題も出てきている。若者世代においては「イクメン」という流行語も誕生したが、まだまだ共働きの理想的なあり方を模索中だと言える。そこにコロナ危機が発生し、在宅勤務など、いろいろな働き方が試行錯誤されている。

話をハイエイジの女性たちに戻すと、彼女たちのほとんどは働いたことがない。少なくとも家庭に入ってからは専業主婦の立場であった。元気で働く時間と意欲が十分にあるとしても、何をすればよいのかわからないという人は多い。

ハイエイジの女性は日本の高齢化のなかでもとくに元気で、そのボリュームは大きい。単純にマーケットとして見る考え方も否定はしないが、彼女たちの活動意欲、あるいは労働意欲を社会に取り組むことはとても重要である。

それに加えて、何よりも長年にわたって日本の暮らしの中心を支えてきた彼女たちには、日本に必要な文化や伝統など、さまざまな価値が含まれている。

私はすでにいくつかの仕組みを構築するための準備をしている。1つは、新興国から日本に来る留学生や技能実習生との交流の場をつくること。最近急増しているが、こういう場でハイエイジの女性ができることはたくさんあると思っている。留学生や技能実習生たちには、仕事や勉強以外で日本との交流を深めてもらい、日本の文化や伝統を知ってほしいと私は常々思っているが、それにはハイエイジの女性が最適だと考えている。

そしてもう1つは、ハイエイジの女性の表現の場を創造することである。こちらは、私が出版会社も運営しており、オウンドメディアを推進していることから、比較的スムーズに進行している。セミナー講師として、茶話会や座談会など、オンライン、オンサイトを混ぜた企画も多くあるし、出版という形で表現する方法もある。

そのなかで生まれてきたのが暮らしの物語であるが、ハイエイジの暮らしには無限の価値が埋蔵されていると実感している今日この頃である。

2020/08/09

好奇心は生涯現役の原動力であり未来の記憶の箱を大きくする

#未来の記憶　#生涯現役　#人生100年時代　#知的好奇心　#好奇心
#高齢化社会　#日本の信用　#アクティブシニア　#アイオーシニアズジャパン　#新興国

昨日の朝、恒例のワーケーション座談会（オンライン）を開催した。テーマは、「一般社団法人アイオーシニアズジャパンの代表理事の牧壮さんと語る」。語ると言っても、牧さんは生涯現役シニアの代表選手。私たちの大先輩。しかもIT活用の達人。「牧さんから学ぶ」と言ったほうが正しいかもしれない。

ITに精通され、60歳定年後に一度はマレーシアでのハッピーリタイアを経験された牧さんの言動は、今のシニアだけでなく、私たち“これからのシニア”も勇気をいただける。好奇心旺盛な牧さんは、日本に帰国後、日本の高齢化社会の課題解決にまい進されている。

IT用語に「IoT（Internet of Things）」という言葉がある。簡単に説明すると、センサーなどを使い、世の中のあらゆるモノをインターネットでつなぐという考えだ。コロナ禍で一気に発展している分野でもある。

ITの専門家である牧さんが発想されることはすごい。

「インターネットでシニアをつなぐ」

牧さんのこの言葉を聞いて、どれくらいの方がピンとくるだろうか？　ITに精通されていて、かつ生涯現役シニアの牧さんならではの発想である。

日本には孤独なお年寄りがたくさんいる。また、元気でも若い頃のようには動けず、物理的な移動には限界がある。そんななか、インターネットを上手に活用し、シニアもつながろうという発想だ。

4年ほど前のシニアセミナーで登壇していただいた際にIoTだから「IoS (Internet of Senior)」、こうお話される牧さんのプレゼンにビビッときた。私もITの仕事は専門の1つだが、流石にIoSの発想はなかった。さっそく、いろいろと連携させていただくことになった。

実際、コロナ禍前から、牧さんの活動に対して、行政や民間など、さまざまな人たちの関心が集まるスピードにはすごいものがあった。それだけ時代が求めていたのだと思う。

牧さんは言い切る。

「シニアの幸せの秘訣は、つながることです」

これは世界共通のようだ。コロナ禍で一番困っているのは、やはり高齢者。牧さんとはこの数か月、オンラインでミーティングやセミナー、座談会など、さまざまな活動をご一緒してきた。そして、昨日は老若男女で高齢社会問題を議論しようという場であった。

さすがにこの時期になると、オンラインの操作も皆さん手慣れたもので、20代の学生の掛川さんから80代の牧さんまで、9名でざっくばらんに意見交換、情報交換を行った。今回の参加者は、海外経験が豊富で、日本を外から客観的に見てきた方々でもある。

私は立場上、ファシリテーターを務めたが、闊達で忌憚のない意見からたくさんの発見や学びとともに、確信に至ったこともいくつかあった。そのポイントをまとめて、次のワーケーション座談会につなげていこうと思う。

人生100年時代、長く元気で活躍されている人の共通点はやはり好奇心だ。そして、何歳になっても謙虚で学ぶ意欲が高い。

一方､敬遠したくなるシニアは過去の実績や栄光にしがみつき、自分を変えようとしない人たちだ。結果、周りの人に避けられるようになる。人間には思い込みはつきものだ。年齢を重ねるととくに顕著になるのだろう。だからこそ、自らの意思で変えていく力も必要だ。

日本の信用の話題も出た。日本は海外から信用されている。それは今のシニアが築き上げてきた基盤のおかげだ。新興国ではシニアが活躍する機会もすでにあるし、これからも増えていくことは間違いない。

また、世代間ギャップの話も出た。今回のようなメンバーでいろいろと意見交換をしていると、世代間ギャップは、こういったコミュニケーションの機会が日常ではなかなかつくれないことも起因しているということがわかる。機会がないからお互いにギャップがあると思い込んでいる部分もあるし、埋めることもできないのだ。

昔のような３世代同居が珍しくなってしまった現代、オンラインで多くの世代が交流する場の価値は高いと実感した次第である。

さらにAIと音声認識を活用したシニアの孤独を緩和する方策も出た。ネットでつながることも有効だが、リスクと隣り合わせだ。だからこそ、IT環境に慣れている若者の活躍も必要となる。もちろん、シニアの気持ちが一番わかるのはシニアだ。アクティブシニアやITに強いシニアがサポーターになるという方法も有効だ。

今回、「本当に勉強になりました」という視聴者からのフィードバックが多かった。それだけ、知らないことが多いとも言える。

私がこの座談会の冒頭で紹介させていただいたのは、未来の記憶の箱。好奇心旺盛な人は、年齢問わず、間違いなく未来の箱が大きい。未来を見るから自然と過去は多く語らずに、先のことを話す。何歳であろうと、そういう人は魅力的だ。

第4章

ビヨンドコロナで変わる
暮らしと働き方

2020/09/14

オンライン活用が本格化して イノベーションが起こる期待感

#オンラインビジネス　#オンライン活用　#シニア　#ブレインワークス　#ベトナム　#共創の匠
#オンライン　#アナログ　#オンサイト　#イノベーション

ここ最近、新聞などのメディアで“オンライン活用”への取り組みの記事が一気に目立つようになってきた。

コロナ禍で外出規制が始まった頃、ITの専門家や普段からITを使いこなしていた人以外は、ほとんどがオンライン活用の素人だった。そもそも、こんな便利な日本で生活していて使う必要がなかった。しかし、この数か月で生活の様相は一変した。

ビジネスの現場では言うまでもないが、官公庁・自治体でもオンラインへの取り組みが急速に進み出した。とくに官公庁・自治体のイベントをオンラインで実施する動きが活発になってきている。当然、地域住民を巻き込んでのケースが多い。少なくとも立場上、予算消化が必須のなか、「やるしかない」という感じなのだろうか。

私はセミナーなどで、「オンラインビジネスの現状と今後」といったテーマで何度も話をしてきたが、今は日本だけでなく世界にとってもオンライン活用の試行錯誤の時期だ。そもそもIT社会が急速に進展してきているなか、コロナ禍による経験はIT社会適応の突破口になると予測している。

そういうわけで、いつものように新聞記事をチェックしていて、ふと印象的な記事に目が留まった。見出しは『オンライン公民館集う』。一昨日の神戸新聞だ。西宮オンライン公民館が開催されたとある。

記事を要約すると、「公共施設が休館になり市民活動の交流の場が無くなっているなか、5月に福岡県久留米市で始まったオンライン公民館が、他の自治体にも広がりつつある。今回、主催したのは関学の大学生。朝から夕方まで、福祉などの9テーマでトークゲストが登場。延べ400人が参加した」と書かれていた。

コロナ禍がなければこういった活動は行われることはなかったと思う。なぜなら、一般的に公民館に集うのは地元の老若男女だと思うし、こういう方々の集まりはとことんアナログだからだ。会わなければ始まらないのである。少なくともコロナ禍前までは。

では、仮にコロナ禍が終息した後はどうなるのだろうか？　こういう類のオンライン活用はきっと続かないだろう。やはり、地域のコミュニティの集まりは直接交流するほうがいい。一方、どこにいても有益なトークが聞けるというオンライン特有のメリットを享受する部分は定着するだろう。

この記事の狙いでもあるだろうが、何よりも私が注目したいのは、学生が企画し運営している点だ。最近、学生インターンが増えてきている。その対象は基本的には企業である。この記事のように、社会活動や地域活動への貢献での学生の活動は珍しいのではないか？　それとも、実は私の知らないところで今のトレンドなのかもしれない。

今の学生はITを上手に使える人が多いと思う。デジタル世代の特徴だろう。一方、シニアの方々はデジタルデバイドの弱者になりやすい。使いこなせている人は少数だ。こういう記事の活動でも気になるのが、シニアがどれだけ積極的に参加しているかだ。

冒頭で書いたように、今はいろいろな人がビジネスを離れた場でもオンライン活用の試行錯誤期である。私の目指すところでもあるが、オンラインを上手に使って若者とシニアの交流、学びの場をつくるなど、この記事から期待できることはたくさんある。

オンラインを使うだけであれば簡単だ。単なるツールとして考えれば、小学生でも使える。大事なのは使い方である。情報セキュリティや著作権侵害などに気をつける必要があるのは当然として、大切なことは人としてのマナーや人に対する気配りである。コミュニティの新しい形という見方もできる。人間関係の再構築でもある。だからこそ、オンラインの使い方の教育も不可欠だ。

現時点で、現実的にオンライン活用が一気に進みそうなものをいくつかあげてみる。

1つは「オンライン診療」だ。コロナ対策のニュースでも頻発していた課題だが、限定的とはいえ、オンライン診療は今や当たり前のサービスになる兆しがある。これぞ怪我の功名だろう。

もう1つは、数年前から密かに期待されつつ普及していなかった「スマートグラス」だ。これは直接的にコロナ禍とは関係ない部分も多いが、これを機に普及してほしい。具体的に説明すると、例えば建設現場の職人の技を指導するケースだ。教える人は日本の鉄筋工のベテラン職人で、学ぶ人はベトナムの建設現場の未熟な職人。ベトナムの職人はスマートグラスを装着して鉄筋の組み立て作業をする。技術を教える日本の職人は自分の手元のようなイメージで現場そのものを目で見ながら指導することができる。こういう応用は他にいくらでもある。

私が関心のあるシニアの活用で言えば、日本でも海外でもどこでも遠隔地の職人見習いにさまざまな技術を教えることが可能になる。日本の「匠の技」の海外への伝承だ。もちろん、まだまだ技術的に不十分な部分は多いが、大いに期待できる分野である。

もう1つ取り上げるとしたら、「学びの場」だ。例えば、ベトナムの日本語学校は、どこも似たような仕組みになっていて、小さい教室に少人数が集まり日本語を学ぶ。こういう事態になり、ベトナムでも今はオンラインで行われていることが多い。

日本に行くための日本語習得が目的である。もともと学び方はとくに問われていたわけではなかった。教育の場の提供の方法が変わっただけとも言える。しかも学ぶ人は若い。だから、定着ははやいだろう。

生活者がいろいろな機会でオンラインを体験して、便利さに気づく。一方で、やはりアナログのほうが良い部分も再認識できる。

オンライン活用によるイノベーションは、テクノロジーから生まれるのではなく、生活者の体験と発想、それに欲求が起点となる。そういう意味で、使う側の意識の変化が見えてくるようになった。数年後、オンラインとアナログを上手に使い分けている社会が実現するのは疑う余地はないと思う。

2020/08/12

コロナ禍で再認識する チームワークの重要性と奥の深さ

#チームワーク　#ワンチーム　#ワンフォーオール　#オールフォーワン　#ヒューマンブランド　#ストレス　#テレワーク　#在宅勤務　#日本人らしさ　#ビジネストレーニング

チームワークは実に奥が深い。在宅勤務を含めたテレワークが一気に増えたが、それまで当たり前に行っていたチームワークが発揮できずに日本中が混乱している。

ウィキペディアには、「チームワークとは集団に属しているメンバーが同じ目標を達成するために行う作業、協力、意識、行動など」とある。仕事だけに限ったことではないが、人類の永遠のテーマと言っても過言ではない。

コロナ禍のなか、危機を克服するための新たなチームワークが随所に生まれている実感はあるが、一方でコロナ前には当たり前だったチームワークが乱れていることを疑う余地はない。

すでにさまざまな形で情報やニュースとして流れているが、一言で言うと、ストレスが蔓延している。慣れないIT環境で仕事をすることや、テレビ画面という特殊な装置で相手の顔を見ながらの長時間のミーティングはとても疲れる。

それに加えて、日本の強みとしてきた阿吽の呼吸も含めたチームワークが発揮できない。1か所に人が集まらないなかでのチームワークの発揮は極めて困難である。

日本と言えば、協調性や団結力などの強みがあり、チームワークに長けていると評判の国民性だ。これはビジネスの世界だけではない。サッカーや野球、陸上のリレーなど、スポーツの世界でもしかり。日本が国際試合でチームワークを発揮して快挙を達成した事例は、枚挙にいとまがない。こういうことが達成されるたびに、日本国民としての喜びと同時に、自分ごとのように誇りが持てる。

また、我々日本人の多くが日本人はチームワークに優れていると思っているのは間違いない。実際、日本では子供の頃からチームワークを学んだり、訓練を積んだりする機会はベトナムなどの新興国と比べても圧倒的に多い。

しかし、“チームワークの高さ”を悪く言えば、個人プレーの力が弱いことの裏返しと評論する人もいる。私は、とくにスポーツの世界でフィジカル面でのハンディを無視して議論することに、いささか納得がいかない。体格の良い欧米系の人が個人スキルが高いのは当たり前だと思うからである。フィジカル面で劣る日本人だからこそ、チームワークで努力していると言える。

これは素晴らしいことだと思っているし、多様性に回帰している時代、チームワークはますます日本独特の強みになるとも思う。

話は変わるが、私は人類の発明でスポーツほど健全な活動は他にはないと思っている。人間の集団活動で、これだけ人を感動させ、影響を与える行為が他にあるだろうか？　一番記憶に新しいところでは、昨年のラグビーワールドカップだ。日本代表の快挙に日本中が熱狂した。ラクビーファンではない人たちまでも巻き込んで、チームワークの高い日本の活躍に歓喜した。「ワンチーム」という流行語も生まれた。

改めてチームワークの意味、価値、そして日本人の誇りを見つめ直す機会になったと思う。ここでもやはり、日本チームの献身的なチームワークがフォーカスされた報道が多かった。しかし、ラグビーのスタイルは独特だ。日本の特徴である献身的なチームワークの枠を超えて、爽やかでカッコよく自由度も高そうな雰囲気が、長年日本が目指してきたチームワークの境地ではないのだろうか？

私は観るだけでなく、スポーツをするのも好きなので、ビジネスのスキルアップやチームとしての成果を出すための行動を、スポーツに例えて人に教えることが多い。仕事のトレーニングをスポーツと対比させたり、エッセンスとしての共通事項を重要視している。それは、同じ人間がすることだからである。最近発刊した『経営はPDCAそのものである。』は、PDCAを新興国の人材育成に役立てる目的で制作したが、スポーツの事例をふんだんに盛り込んでいる。

実際、ベトナムのサッカーチームに日本人が関わり、チームワークを重視し出してから強くなってきた。とくにベトナム人は身体能力的に日本人と近い。そういう意味では、ベトナムのような国はスポーツにおいて、日本に学ぶ方法が合っているのだと思う。

本題のビジネスの話に戻る。やはり、日本が得意とするビジネスの基本スタイルはチームワークである。ベトナムに限らず新興国は総じて、日本と比較してビジネスレベルは低い。これは会社、社会、個人ともに低いと言って間違いはない。今回は、会社と個人に話を限定して進めるが、ネットなどで先進国の情報はベトナムにもよく伝わっている。日本がチームワークに長けていることも伝わっている。

十数年前のベトナムでは、こんな例え話をよく聞いた。ベトナム人３人が大きな穴に落ちると、誰も上がってこられない。一方、日本人は協力して全員が脱出できる。これを額面通りに受け取れば、日本人は褒められていると嬉しくなるかもしれないが、ベトナム人の本音は必ずしもそうではない。「私たちは個人的なスキルは日本人より高い」というプライドも透けて見える。

この話だけでも、ベトナムでチームワークを浸透させるのは難しいことがわかる。15年くらい前からベトナム人社員にビジネススキルの研修を行っているが、わかりやすい事例、彼らが納得しやすい事例を模索しながらやってきた。そんなビジネスでの苦労の一方で、日本のなでしこジャパンの大躍進などがベトナムで流れるたびに、すぐに研修の現場で引用してきたものだ。

ようは理屈で説明するよりも、目の前にある結果から紐解くことが大事なのである。理論よりも実践ということである。そういう意味で、同じベトナム人でも日本での生活体験がある人と、日本の体験が皆無な人との差は歴然だ。日本で2、3年生活すると、日本のチームワークは至る所で実感する。理屈ではなく体で覚える感覚だ。

今、チームワークが得意なはずの日本人が、コロナ禍によるオンライン環境でのチームワークの実現に試行錯誤中だ。想定外の経験を経て、日本人のチームワーク力はさらに磨かれ、国内だから、日本人同士だから、ではないグローバルな多国籍のチームワークの実現をリードできるようになるのではと思っている。

日本のチームワーク力、言い方を換えれば、調和。これからの時代、調和こそが、健全な社会を創っていくのである。

2020/08/23

ワーケーションとテレワークとオンライン活用

#ワーケーション #テレワーク #オンライン活動 #在宅勤務 #ブレインワーケーション #地方活性化 #職住近接 #南紀白浜 #バケーション #ダブルワーク

今、日本ではテレワークに加えてワーケーションとオンライン活動が一気に広がりつつある。

まずはワーケーションだが、もともとワークとバケーションをつなげた造語である。働き過ぎと世界からも揶揄されていた日本だが、実はコロナ騒動の前からワーケーションは密かにブームになりつつあった。

コロナ前の具体的なワーケーションのイメージで言えば、リゾート地や観光地に滞在して、仕事をするというもの。オンとオフの切り替えに視点が行きがちだが、バケーションしながら働くスタイルに適している仕事はいくつかある。例えば、企画の仕事やクリエイティブな仕事が真っ先に浮かぶ。当然、今時はパソコンを持参して、ネットをつないで会社や客先とやり取りをするスタイルだ。

このように仕事の側面からワーケーションを考えると、テレワークの１つの形態とも言える。もちろん、どんな仕事でも納期が迫ってきたら、バケーション感覚は消えるだろうが、それでも日常とは違う景色や空気のなかでする仕事感覚は格別だと思う。

私は、日頃から国内外を問わず出張が多い。だが、私の場合はワーケーションをしていたとは言い難い。宿泊先のホテルで仕事をすることは時々あるが、これはワーケーションでなく、単純にネットをつないで仕事をする、つまりシンプルなテレワークだ。ほとんどが社内のミーティングかお客さまとの打ち合わせである。

関西にワーケーションで注目されている場所がある。南紀白浜だ。私はこの3月に南紀白浜を訪れた。そして、海岸からライブ配信をし、私のワーケーションを試した。

南紀白浜は、もともと風光明媚な観光地であり、白良浜ビーチなど、紀伊半島でありながら、南国沖縄を感じることができる場所である。私が学生の頃はあこがれのリゾート地だった印象がある。

時を経て、観光地の魅力の再構築と並行して、新たな企業の集積地としての活動が始まった。今では、IT系企業が集積するワーケーションエリアとしても有名だ。こういうケースは日本の他の地方でも生まれつつあった。

そんななか、コロナで様相が変わった。そもそも、都市圏で働くこと自体の見直しが一気に進み出した。すでに都市圏の不動産も下落傾向だ。私は専門家ではないので、この先の予測はできないが、感覚的にはオンラインを使って仕事ができる範囲まで勤務地が広がる流れである。もちろん、主たる住居をどこに構えるかによって、勤務スタイルは大幅に変わる。

例えば、恒久的な在宅勤務を取り入れるのであれば、極端な話、日本企業の社員であれ、世界のどこに住んでもいい。実際、Facebookで働いている私の友人は、今、カリフォルニア住まいだが、日本に引っ越そうかと考えているようだ。

あるいは、週1回だけ首都圏に通勤して、あとは在宅を含めたテレワークとした場合、住まいの場所の選択肢は格段に広がる。

私が提唱しているおすすめのスタイルを1つ紹介する。家族で地方に移住するとしよう。一般的には単純に在宅勤務を考えがちだが、すでにブログでも書いてきたようにこの在宅勤務については一筋縄ではいかない。やはり、四六時中家で仕事をすることは、結構ストレスになる。共働きだったらなおさらだ。そこで住まいの近郊、できれば徒歩圏内のサテライト的な場所を確保する。

コロナ前の感覚であれば、企業がサテライトオフィスを用意するか、シェアオフィスを利用するというのがオーソドックスな考えだった。地方で、職住隣接で、しかもサテライトオフィスかそれに準ずる場所で仕事をする。家が近い分、子育てや介護など、家庭での役割分担も改善できる。

今、日本全体が新しい働き方を試行錯誤中で、ワーケーションが国の後押しも含めて一気に広がりそうな雰囲気がある。実際、昨日もブログに書いたが、自然のなか、あるいは自然と触れ合う環境で働くことを思考する人も増えてきた。コロナ前はワーケーションと言えば、語源の通りバケーション感覚で、リゾート地や観光地の旅先を連想するケースが多かったが、今は自然のなか、自然に近い環境を思考する人が増えていると思う。

リゾート地で仕事をするのもいいが、田舎に移住する、近くの公園を活用する、あるいは都会のなかのサテライトを利用するなど、新しい形のワーケーションも生まれつつあると思う。

そこで今、オンラインでできることを試しているなかで、最近、わかってきたオンラインの価値や可能性について書きたいと思う。オンラインで仕事をすることは、必ずしもメリットばかりではないが、それは別の機会にまとめるとして、今回は私なりの新たな発見をいくつか書いてみたい。

・日本国内に限らず、海外の人ともつながることができる。
・勉強会やセミナーなど、好きな時に好きなものに参加することができる。
・座談会やフリートーキングを企画して、普段会えない、話ができない人との会話や学びを楽しめる。
・最低50%以上を遊び要素として、仕事を楽しむ。オンラインだからできるイベントなどを企画する。
・活動が記録され二次利用できる。

まだこれから、いくつも発見できそうだ。オンラインでワーケーションを試してみる。つまり、場所や気分を変えるのではなく、仕事そのもののやり方、組み立て方を変えてみる。オンラインであれば柔軟に機動的に試すことができる。

ダブルワークにしてもやはり、オンライン活用をしたいところだ。場所は都会のままでも、オンラインでワーケーションもありだと思っている。

オンライン上で行うワーケーションは、人の移動をともなわない。今の場所で、ワーケーションという新しい働き方のスタイルは自由自在に試せる。仕事と遊びを混ぜてオンラインで活動する。自分がいる場所はどこでもいい。それこそ好きなところでいいのだ。

私はこんな環境と機会を提供しようと考えている。それを「**ブレインワーケーション**」と定義している。

2020/09/23

暮らし方、働き方の選択肢が増えそうな予兆に期待と懸念

#テレワーク　#デュアルライフ　#地方活性化　#地方再生　#セカンドハウス　#在宅勤務　#ダブルハウス　#住宅メーカー　#淡路島　#中小企業

今ほど都会暮らしと田舎暮らしがセットで話題になったことが、かつてあっただろうか。言うまでもなく、コロナ禍の影響であるが、生活や働き方を変えようと試行錯誤が続いている。なかにはコロナ以前から田舎暮らしなどを計画していて、これをきっかけに実行したという人も少なからずいると思う。

最近、テレワークや新しい働き方についての話題が尽きること

はない。私は新聞などの情報をいろいろと気にしているが、9月17日の日経新聞の「デュアルライフ」についての記事にとくに関心を持った。

デュアルライフはまだ耳慣れない表現だが、ようは都会と地方での二重生活という意味と解釈した。地方で暮らすとは、田舎で暮らすとほぼ一緒だと考える。記事には、「仕事は都会で余暇は地方で」とある。

世界を見ても、人間が都市に集中するのは本能に近いものがあるが、それにしても日本ほど都市に人口が集中している国も珍しい。ひずみや問題がないほうがおかしい。コロナ禍以前からであるが、日本の働き方改革も結局は都市で働く人たちをまずはどうするか？　に焦点が当てられてきた。

このデュアルライフの内容にしても、一見理想的ではあるが、対象は現在都会に住んで働いている人をテーマにしていることはすぐにわかる。ゆえに、デュアルライフは今の日本の最大の課題、都市部集中をどう緩和するかという課題解決の1つとも言える。

私は建築関係の仕事をしていることもあり、住宅メーカーや不動産業界の現状を日々キャッチアップしているが、住宅の在り方が大きく変わり始めている。

1つは、今まで通勤できなかった場所に住むという動き。もちろん、テレワーク主体で週1なら何とか通勤できる場所となると、一気に住居に適正な場所の範囲は広がる。これは移住ということで、家は1つだ。

もう1つがダブルハウスの考え方である。デュアルライフ＝ダブルハウスと言ってもそれほど大きなズレはないと思う。これは、以前から裕福な一定層で当たり前だった、別荘を避暑地に持つ話とは違う。

例えば、今住んでいる都会のマンションに加えて、地方にもう1つ家を持つという話だ。この形態がこのデュアルライフの記事に近いと思う。2つ家を持つことができたら多くの人にとって理想的だ。しかしながら、コスト負担が重くのしかかる。そもそも、コロナ前でもコスト面がクリアできていたら、都会に住んで地方や田舎にも家があるというのは理想の1つだった。生活スタイルなどの変更がやむ無しになった今、国や行政からの支援制度の整備が急がれる。

田舎暮らしの人が増えるということは、地方にとっては朗報だ。地方活性化や地方再生、いずれにしても住民が増えないことには実現性は乏しい。日本は人口の減る国だ。だから都会から人が戻って来る以外、人が増える方法はない。もちろん、自分の田舎に戻るのが理想であるが、田舎のない都会育ちの人もいる。

このように考えていくと、仮に全部を丸く収めるとしたら、田舎から出て、都会で働いている人は、自分の田舎にセカンドハウスを持ち、好きな場所で働き生活する。都会育ちで、田舎のない人は、自分が住みたい場所にセカンドハウスを探す。初めての田舎暮らしはそれなりの苦労もあるだろうが、それを上回るメリットがあると思う。

話は少し変わるが、今、私にとって身近である淡路島が大手企業の移転で話題沸騰だ。某人材大手企業の本社機能を東京から淡路島に移転すると発表したからだ。

この話を聞いても、私にはあまり驚きはなかった。もともと、場所を問わずに仕事がしやすい業種の1つだからだ。また、私は以前からこういう動きには賛成で、必ずしも東京などの都会に本社機能がある必要のない時代にとっくになっていると思っている。本社機能の仕事はとくにITと親和性が高い。また、情報社会がグローバルに急速に発展している。

ひと昔前であれば、情報収集という意味だけでも、東京などの都会に集まることはとても意味を持った。やはり、人が集積していることと連動して質の高い密度の濃い情報が集積されていたからだ。地方と比べると情報の格差は間違いなくあった。

しかし現在、東京のエリアをマーケットとした商売などを除くと、都市にいても地方にいても情報格差はないに等しい。さらには、海外ビジネスをするにも格差はない。仮に海外出張となると、飛行機を使う分どうしても不便になるが、海外ビジネスの場合の地方でのマイナス面は移動時間が長いことくらいである。

ここ最近は、大手企業の仕事環境についてのニュースは枚挙にいとまがない。IT系の会社が恒久的に全社員を、テレワーク（在宅勤務含む）に変えた。某大手メーカーは単身赴任制度をなくした。いろいろと変化の予兆は見て取れるし、こういう動きは私も歓迎したい。

しかし、日本の本質的な課題は、大企業やIT企業だけではなく中小企業や他の業種でもそれが実現できるのか？　ということである。とくに私が商売柄、憂えているのは中小企業のことである。地方の中小企業はともかく、都会にある中小企業をどうするか？　簡単にデュアルライフなどできない。IT活用のハードルも高い。都会にいないと成立しない中小企業もたくさんあるだろう。製造業、建設業、小売業、飲食業などなど。

大企業が積極的に地方に分散して本社を移す。都市は中小企業が集積する街とする。そのうえで、それぞれに見合った職住隣接を実現していく。こんな大胆な変革があってもいいのではないかと思う今日この頃である。

第5章

近藤昇の仕事観

2020/07/02

“ブレインワークス”に名前負けしないように

#ブレインワークス #ブレインワーケーション #ブレインストーミング #脳科学
#ブレインプログラミング #グローバルブレイン #もし自分の会社の社長がAIだったら

「ブレインワークス」

今、この名前を私はとても気に入っている。私は1993年12月に有限会社ブレインワークスを設立した。社名を決めたいきさつはこうだ。

誰しもそうなると思うが、20代で独立しようと考えていた時に、社名にはこだわろうと思った。今振り返ると、20代は「仕事ができていた」とはとても言えないレベルだったと思う。

そういったなか、とくに私が強い関心を持っていた仕事がある。正確にはスキルというほうが正しいだろう。それは「アイデアを創る」ことであった。当時は一番苦手な領域だったので、とくにそう思った。ようするにアイデアを次々と生み出す仕事にあこがれと関心があったのである。

ただ、“アイデア”をそのまま社名につけたのでは魂胆がバレバレ。別の言葉を探し、数か月迷っていた。そんなある日、“ブレイン”という名前が頭に浮かんだ。ほどなく、メディアワークスを新聞で見た。そして社名の「ブレインワークス」という名前が決まったのである。

私は「今、この名前がとても気に入っている」と書いたが、日に日に好きになってきたというほうが正確だ。その理由を一言で説明することはできないが、とにかくこの“ブレイン”は奥が深いし旬なのだ。感覚的なものに加えて、最近ウマが合う人との出会いが急増していることも背景にある。とくにコロナ危機になってからは、その動きが加速している。それは、本との出会いも含むので、必ずしも生存している人とは限らない。

“ブレイン”には脳という意味もあるが、私はこの脳の役割や働きに大変関心がある。脳を科学的に分析すると、人間の力は本当に可能性に満ちあふれている。

最近、『ブレイン・プログラミング』（サンマーク出版）という本を読了した。そのなかで、脳の働きの1つである「RAS(Reticular Activating System)」について述べられており、思わず膝を打った。脳はRASの働きによって、自動的に関心のある情報をインプットし、目標や夢に近づくことができる。ブレインワークスも、次第にその方向に導かれるように進んでいると確信している。「名は体を表す」に近づいているのである。

小さな会社の強みは、アライアンス力である。アライアンスパートナーと意気投合し、協業して事業を進めることのダイナミズムは経営者冥利に尽きる。海外では人のつながりがより一層キーになる。今はブレインワークス自体がRASにより導かれていることを実感している。

脳と言えば、脳科学。今はそれが自然にAIとつながる。脳科学は私が強く関心を持っている分野の1つでもある。茂木健一郎氏をはじめ、脳科学関係の書籍を片っ端から読んだこともある。とりわけ、中野信子さんの本はお気に入りである。

ITを専門に仕事をしてきた私としては、今のAIブームは少々懐疑的に見ているし、少し距離を置いている。大事なのは「人間らしさとは何か」である。私は人間は欠陥だらけだと思っている。そもそも、継続的な仕事には向いていない。人間が陥るバイアスやヒューマンエラーなども脳の特性である。

この2月に「**ブレインワーケーション**」を商標申請した。ブレインストーミングは有名なビジネス用語だが、「ブレインストーミングとバケーションを重ねて行う」といったイメージだ。これからはブレインワーケーションにしばらくこだわっていきたいと思っている。

書き出したらきりがないので別の機会に譲るが、ブレインワークスはまだまだ進化するつもりである。

2020/07/05

基本なくして応用なし!!
人生100年時代に不可欠なスキル

#バカモン　#人生100年時代　#ブレインワークス　#基本なくて応用なし　#人生5毛作
#自然体　#ブレインワーケーション　#ミドルエイジ　#セカンドキャリア

そろそろ、『バカモン2』を書こうと思っている。別に何かに腹を立てているわけではない。約13年前、『バカモン』を発刊した。私が40代半ばの頃である。感覚的に言えば、20代にのほほんと働いていた自分自身の反省と、それまでに接していただいた方々へのお礼の気持ちを重ねて書いた。もちろん、私が子供の頃からおぼろげながら抱いていた、人付き合いや気配り、生き方の道しるべになるような内容をベースにはした。

この本を出版して思わぬ反響があった。それは親戚で話題になったことだ。私の叔母にあたる方が、偶然、書店で見つけたようだ。巡り巡って、私の母がこの本の存在を知った。母が「どんな本なん？」と言った言葉が今でも鮮明に記憶に残っている。それまで、私は自分の本を母に渡したことがなかったからだ。

親戚の間では、次の2つの理由で話題になったようである。1つは、「“あののぼるさん”がね」というよくある話だ。私は超引っ込み思案だったので、そのギャップもあったのだろう。もう1つは、親戚の一人が経営者で100人くらいの社員教育に使ったという話も加わった。日本国内の企業の社員研修も数多く引き受けていた頃だったので、幹部研修読本にはちょうどいいように構成を組み立てていたが、親戚の会社で使っていると聞いて、妙にむず痒い感じがした記憶がある。

『バカモン』を出版した時には、10年に1回程度のペースで『バカモン』シリーズを執筆しようと考えていた。一番の理由は、私の年齢相応の内容にしていきたかったからだ。『バカモン』の想定読者は40歳くらいまで。私はそろそろ60歳になる。自分が通り過ぎてきた40代、50代の方々を見ていると、何とも言えない寂しい気持ちと、何とかしたい気持ちになる。

経営者の視点で働く人を見ているということもあるが、大人にならないといけない世代なのに、大人になり切れていない男性が多いなと、強く感じる今日この頃である。日本の危機である。

人生100年時代は、今や日本では定着した感がある。しかしながら、いまだに人生70年時代の感覚で生きている大人が多い。前提が違っていたのだから、ある意味仕方がないことなのかもしれない。

私や彼らが社会人になった頃、こんなに人生が長くなるとは思っていなかった。20年、30年前に高齢化の心配をしている人は皆無だった。少子化にしても20年前は、データ上の事実としては知っていても現実的に考えていた人は少なかった。

つまり、今の大人たちからすれば、知らない間に社会が大きく変わってしまったとも言える。エスカレーターに乗って順調に定年を迎え、定年後の10年から15年を楽しむ。こんなイメージだったと思う。だから社会の変化に適応できていないのだと思う。

少し、現実的な仕事の話に戻そう。私は仕事について、常にシンプルに考えている。私の仕事の1つである経営もシンプルに考えたいが、あまりにも不確定要素が多過ぎて、やればやるほど仕事のスキルだけでは乗り切れない部分に気づき、「レジリエンス力」の重要性を痛感している。

私は今でも現場の仕事に関わることが多い。現場の仕事は面白いし、昔取った杵柄も生きるからだ。一般的には40歳を越えると人は「変わらない」と言われる。これは中途社員を採用する際に一番意識する。ある中堅製造メーカーの社長は、「40歳以上は絶対に採用しない」と言い切る。一方、私は何歳になっても人は変化、進化、成長できると考えている。何かをするのに遅過ぎることはない。

私は、よく伊能忠敬を引き合いに出してきた。彼は江戸時代に

50 歳後半から日本全国を行脚して日本地図をつくった。私自身も今からでも新しいことにたくさんトライしたい。

最近では、マハトマ・ガンジーの次の言葉が一番お気に入りだ。

「Live as if you were to die tomorrow. Learn as if you were to live forever」
（明日死ぬと思って生きなさい。永遠に生きると思って学びなさい）

常に自然体でやってきたし、これからも自然体で周りの人も巻き込んで生涯現役でいようと思う。

「近藤さん、100 歳まで現役で、豊かな充実した人生を楽しむとすると、今何が必要だと思いますか？」と訊かれたら、私は迷いなく「基本のスキルとそれを弛まなく磨き続けることです」と答える。

「基本なくして応用なし」

これがわからずに、基本を疎かにしている大人がなんと多いことか。地に足がつかず、転職を繰り返す。社会を見ずに自分の周りだけを見て迷走する。基本が身についていない人は目先のことを優先させ、社会や地球全体の未来のことなどまったく考えていない。

『バカモン 2』はこんな内容にしようと思っている。

2020/08/10

良好な人間関係の構築には話すより聞くほうがよほど重要である

#田原総一朗 #田原総一朗の聞き出す力 #カナリアコミュニケーションズ #ブレインワークス #話を聞く #話をする #コミュニケーション #聞き出す力 #メラビアンの法則 #オンラインセミナー

人間だけが言葉を使うわけではないが、ここまで高度に言葉を使いこなす動物は人間しかいない。しかも話すだけでなく、人間は言葉を読み書きする。そういう意味で、人間のコミュニケーションは多様であり複雑である。

とはいえ、一般的には話すことを主体に意思疎通を図り、人間関係を構築する。話をすることは人間の進化にとってとても重要であるが、一方で人間を苦悩に追い込むものとも言える。

その視点でおおざっぱに分類すると、よく話をする人とあまり話をしない人に分かれる。ここからは単純化して、話をする人と聞く人に分けて話を進める。

まずは、話し好きな人のことを考えてみよう。

とくにシニアになると一般的によく話をするようになる。しかも年齢からくるものも重なって、同じ話を何度も繰り返す人は少なくない。そうすると聞く側は結構気を使う。「その話は前に聞きました」とは言えない人も多く、ストレスが溜まることになる。

昨年、80歳手前のシニアの方と会食をする機会があった。その方は、特別私に質問することもなく、2時間の食事の間、95%以上話されていた。そして話の中身は皆さんの予想通り、その方の昔話である。私にとっては雲の上の人であり、分野も違うので、話自体はとても新鮮であった。

ただ、同席していた側近の方はどうであったか。きっと、毎回同じ話を聞いているのだろう。それは彼らの態度を見ればわかる。仮にそうだったとしても、望むところは、自分のボスの話には最低限うなずきがほしい。

人が話をするということは、原則として聞く人がいるということである。この時の氏も私が聞く側だから話をされたと言える。ビジネスプランのプレゼンなどでは顕著であるが、自分の言いたいことや要点を、端的に人に伝えるスキルというのはとても重要である。ただし、このスキルがプライベートでのコミュニケーション力と結びつくとは限らない。プレゼンとは違い、相手の状況に応じて柔軟に話題を変えないといけないからだ。

また私の口癖でもあるが、人の話は3分の1しか伝わらないと思っている。3分の1は誤解され、3分の1は忘れられる。それは講演でも面会でも変わらない。だから、面会では必要以上に話をしても意味がないのである。要点だけを伝えて、あとで資料や情報のフォローをすることが重要なのである。

次は、聞く側の立場でのコミュニケーションを考えてみる。

あまり話をしない人が、人の話をきちんと聞く人というわけではない。世の中には、人の話をきちんと聞く人が少なからずいる。聞き上手と言われる人である。私もこちらを目指している。

私の経験上、人の話を聞くのは話すよりも難しい。私が立ち上げた事業にカナリアコミュニケーションズという出版会社がある。ご縁があって処女作は、あの田原総一朗氏だった。出版会社として処女作を誰にお願いするかはとても重要な判断であった。私は「サンデープロジェクト」という報道番組などを見ており、田原さんの大ファンだったので本の企画をいろいろと考えてみた。

ある時、ふと思いついたのが田原さんの「聞く力」である。もともと、私は人の話を聞くタイプである。だからこそ、聞くことに興味があった。田原さんの本が出版できる機会があると聞いて、田原さんはどのように人から話を聞き出しているのだろうかという興味がわいた。企画をご提案したところ快く引き受けてくださり処女作は誕生した。

タイトルは『田原総一朗の聞き出す力』である。ハイレベルな内容を要約するのは難しいが、田原総一朗氏は当該の著書で聞き出す力のエッセンスを「仮説を立てること」だと語っている。もちろん田原氏の言う聞く力をそのまま私たちが日常生活やビジネスに応用することはできないかもしれないが、本質は一緒だと思う。

私は、とにかく「人の話を人が聞く」ということに強い関心がある。話をするには工夫が必要だが、話を聞くほうがもっと神経を使うし、話の聞き方にもスキルが必要だ。私自身で考えると、人に話をする機会と人の話を聞く機会は半々くらいだと思う。

セミナーで話をすることが多いし、経営者という立場上、社員に話をすることも比較的多いので、話す機会のほうが断然多いようにも感じるが、B to B ビジネスでの経営者とのミーティングや会食の際に私がどうしているかというと、仮に1時間の会話だとしたら、7割から8割は私が聞く側に回る。前半で書いたが、相手が一方的に話をする人であれば、私は全体の1割も話さない。

私は大人になるまで、聞く側の人間だった。人前で話をするなど考えられないタイプだったし、心の中では自己主張を持っていたが表現の方法を知らなかった。だから、無口で通っていた。子供の頃からおしゃべりでない分、人の話を聞くという下地ができているほうだと思う。今でも、複数で食事をしている時、仕切る人が誰もいなければ積極的に話をするが、誰かが仕切っていれば、私はほとんど話をしない。

しかし、私が話を聞くことに慣れていると言っても、聞いていて面白くないこともある。誰でも一緒だと思うが、それは自慢話の類である。意思疎通のない一方的な話というのも、聞いていてまったく面白くないし、疲れる。フォローするのも大変で、輪をかけて話の内容が繰り返しになってくると、さすがにうんざりする時もある。気乗りしない時は、質問にもリズムが出ない。

「見る」と「視る」の違いと同じように、「聞く」と「聴く」にも違いがある。英語だと「Hear」と「Listen」だが、やはり「聴く」スキルが高くないとビジネスでの成功は遠くなる。

「聴く」には「傾聴する」という意味も含まれるが、つまりは、言葉だけではなく表情や態度などを含めての意思疎通が必要ということである。だから聞くほうの表情や態度も大事であり、うなずきもその1つということだ。

「メラビアンの法則」はコミュニケーションの領域では有名である。私もこのブログで何度か引用しているが、言葉で伝わるコミュニケーションは7%とある。この意味は奥が深いが、私は単純に表情や態度が重要と捉えている。

　コミュニケーションにおいて、人間は自分の意思や考え、思いを、話すことで相手に伝える。その話の質や内容は、聞き手で決まるとも言える。これは話をする側に立ってみるとよくわかる。仮に講演で聞く人が誰もうなずいていなければ、こんなに喋りにくいことはない。私自身もそうだが、人は自分の話に聞き入ってくれる人のほうを見て話をする。だから、聞き手は「私は関心を持って聴いています」と話し手に伝えることが大事なのだ。

先ほど紹介した書籍の前書きに、田原氏はこう書いてある。

“僕が話を聞くのは、僕が魅力を感じ、惚れた人物たちである。惚れて惚れて、相手の琴線に触れたときに、いわばホンネが出てくるのである”

もう20年近く前の本であるが、ご縁の深さに感謝して、私も相手に惚れ込んで人の話を聞き出していきたい。

2020/09/08

本の真の価値と役割は“人をつなぐこと”と改めて想う今日この頃

#つなぐ #人をつなぐ #カナリアコミュニケーションズ #読者 #著者 #書籍 #読者をつなぐ #蟻の目 #鳥の目 #魚の目

最近、ますます本の価値と役割がわかってきたような気がする。ビジネスとして本と関わって20年になるが、最近とくに紙の本に愛着がわいてきた。1冊1冊の重みというか価値を、以前よりもより深く感じるようになった。

この数か月、ふとしたきっかけで関心がある本を数珠つなぎで探しては、購入している。こんな時期にせっかく見つけた本、出合った本を、とにかく手元に置いておきたかった。一期一会というか千載一遇というか、このチャンスを逃すまい。こんな心境であったことは間違いない。

そんな思いで買った本が、半年間でざっと300冊は超えたと思う。正直、今すぐに読める量ではない。実際に読んだのはこのうちの30冊くらいだ。購入してすぐに著者プロフィールと目次には目を通す。これだけでも私の目的の一部は達成できたとも言える。そしてまた、探し当てたい本が毎日のように増えていく。それは子供の頃に砂浜でした宝さがしに似ている。

改めて、本は人生において相当な意味があり、そして未知の本が無尽蔵にあることに気づいた次第である。このように本と付き合ってみると、満足感と発見が多々あった。

最近買った本は、すでに持っていた本と混ざってしまったが、今は便利な時代だ。ほとんどの書籍をAmazonで購入したので、購入履歴を見れば、いつ何を買ったのかを一覧で見ることができる。振り返りとしても購入履歴は役に立つ。

私が初めて書籍を発刊してから約20年。出版会社カナリアコミュニケーションズを創業してから約17年。600冊を超える本を世に送り出してきた。

設立当初は、後発ながらもメジャーな出版会社を追いかけようとした。単純に出版ビジネスに挑戦したわけである。しばらく試行錯誤してみたが、スタンダードな出版会社を目指すことはいくつかの理由で諦めた。そして、オリジナルでオンリーワンな存在の出版会社を目指す方向に切り替えた。出版会社を創業して3年目のことである。

新たに“時代に警鐘を鳴らす”という指針を掲げ、少しでも人に良い影響を与えたり、世の中を変えるきっかけになったりする本を出版してきた。最近は、ここに“時代を牽引する”という役割も持たせている。

ますます、世界が目まぐるしく変化し情報があふれる時代、そして個人もSNSなどで自由に表現したり、情報発信したりできる時代、新たな領域で出版という役割と機能が大きな可能性を秘めてきたと思っている。

今は電子書籍の時代でもあるが、それゆえに紙の本の価値が増大すると思っている。右肩下がりの出版不況下で、再び紙の本の売り上げが伸びるという意味ではない。価値が増大するということだ。マーケティングの世界でよく登場する付加価値の発見である。

コロナ禍での行動制限のおかげで、普段ではできないことがたくさんできた。まさに「災い転じて福となす」である。本の真の価値と役割を再認識することができたのもその1つだが、それは“本は人をつなぐ”ということだ。そもそも、メディアには媒介という意味がある。“情報が人をつなぐ”という解釈もできる。

私はそろそろ『情報感度を磨け』の発刊準備をしようと思っているが、ネタの1つである情報の掴み方として、「蟻の目」「鳥の目」「魚の目」を意識して日常を過ごしている。

コロナ前はとくに「魚の目」にウエイトを置いていたように思う。海外を含めて活動していた関係上、魚のように自分が動いているわけで、俊敏に動きながら情報の変化の流れに沿って視界に入ってくるものに目がいく感じだ。自ずとキャッチする情報は、流れのなかにあるものになる。うまく表現できないが、これは能動的なようで、実は受動的な情報収集になっていたような気がする。飛行機のなかで本を読むこともあるが、それは動きながら入ってくる大量の情報のほんの一部だったと思う。結果的に、本に浅く接していたとも言える。

この半年間、ほぼ一か所にとどまり、じっくり周りを見ることができた。これは「蟻の目」である。細部に目がいく。加えて、ネットなどが発達しているので、「鳥の目」の意識を持って上手に検索などを駆使すると、本の世界の全体を俯瞰して見ることができる。

魚の目が休まっている間に、本に対する他の目の視界がより広がったように思う。そういう目で本と接し始めて半年、より一層、本の価値がわかり愛着が深まった次第である。

普段は慌ただしくて、人の紹介やたまたま書店で良い本に出合っても、目的が狭いから、当該の本を読んで終わることが多かった。参考図書や文中に出てくる書籍が気になっても、時間がないのでそこをさらに深く掘り下げることはなかった。

それが一変した。購入したばかりの1冊の本を読み終えた後、その著者の他の本を買ったり、本の巻末についている出版社のおすすめの本を眺めていたりすると、つながりが見えてくる。あるいは、テーマが一致する本をAmazonでランダムに検索して買うこともあった。そんなことを繰り返しているうちに、昔読んで積み上げていた本にも目を向け、同じようなことをする。途端に新たにつながる未知の世界が見えてくるのである。

とはいえ、本を発刊する著者や出版社、そして取次は、つなぐことが一番の目的ではない。本が1冊でも売れることが一義だ。商品として販売する以上、商売としての成功を目指す。ようするに、書籍自体の売り上げで採算が取れればそれは成功と言える。これが出版ビジネスの基本である。

しかし、極端に言えば、それは著者からの一方通行で終わる。もったいないことだ。著者からの問い合わせが縁で、付き合いが始まることもあるが、コンサルタントの仕事になることが多い。私もかつて出版した本で、お客さまから問い合わせをいただき、商談につながったことはそれなりにある。そういう意味では商売としての書籍は成功しているとも言える。

つながるという意味では、著者と読者が単純に友だちになることがあってもいいと思うが、それは今のところレアケースだ。これからはSNSなどと融合して、読者とのコミュニティづくりも始める予定だ。

もっと言えば、著者と読者の関係を超えて、本は“人と人をつなぐ”可能性がある。実際に人と人が出会うことを指しているわけではない。言い方を換えれば、読者は本をきっかけに著者の人つながりを見つける、ということなのかもしれない。そして、そのつながりに積極的に関わっていくこともあるだろう。

人をつなぐには人の紹介というオーソドックスな方法がある。人の紹介は本がなくてもできる。しかし、本がつなぐ縁というのは、不思議なもので感性が合う確率が高い。SNSで人がつながる時代だ。私もそういうつながりでお付き合いが始まったり、ビジネスに発展することもあるが、本でつながった時の重みというか深さは違う。まだ理由は説明できないが、間違いなくそうだ。

実は、4年半前に出版した拙著『もし波平が77歳だったら？』で、すでにそんな体験をしている。今、お付き合いしているシニアの方々は、この本がすべてのきっかけとも言える。そういう意味で、新境地の本ではある。

しかし、意図的にそういう本をつくろうとしたわけではない。

結果的にこの本でたくさんの方々とつながりができた。これからは“人をつなぐ本”を意識的に創作していこうと考えている。

2020/09/12

私がなぜ“何をするかより誰とするか”を軸にしているか？

#仕事は自分で創れ　#何をするかより誰とするか　#自由人　#自由に生きる　#働き方　#起業　#自営業　#ブレインワークス　#人間関係　#組織

長年、ビジネスをしていると、結果的に付き合う相手を選んでいる。もちろん、これはお互いさまの話である。短期的な損得の世界だけなら例外は山のようにあるが、長期におよぶビジネスになるとやはり相手を選んで付き合っている。

例えば10年を超える付き合いになると、単純な損得を越えた理由が必ずある。今、話題の映画『糸』でも表現されているように、人と人との付き合いというのは運命的であり必然的であるが、結局は自分の意志と選択ではないかと確信している。

私は31歳で起業した時から、「誰と会社を運営したいか」を基準に社員を採用してきた。それ以前の9年間の会社員時代は、上司や同僚や部下を自分が選んだわけではない。

創業の理由として、「大きな組織で働くのが自分には合わない」

とか「人に指示されるのがイヤだ」といった話をよく聞く。私はどうだったかと言えば、創業してしばらくは、取材などを受けた際にそのようなもっともらしい理由を口にすることはあったが、今考えてみると、「自由に生きたかった。好きな仕事を馬の合う人としたかった」ということに集約されると思う。

農家という自営の世界で生まれ育った私は、組織に属することがそもそも向いていない。どうしても若い頃は拘束されている感が拭えなかった。

そんな私が起業をして、人を採用し、その後、さまざまな体験をして、そして現在、自分が自由を目指してつくったはずの組織に縛られていることに気づく。最近は経営者であろうが、社員であろうが、立場は関係なく、結局人間は組織に縛られるものなのかもしれないと思っている。「人間は人間関係に縛られる」という言い方が私の感覚に近いかもしれない。だから余計に“自由になりたい”と、今は強く思う。

私は最近「何をするかより誰とするか」という言葉を頻繁に使う。10年以上前にベトナムのセミナーで話してから、ことあるごとにさまざまなシーンで口にしたり、文章にしたりしている。20代の悶々としていた頃の呪縛が解けたようにと言ったら、言い過ぎだろうか。

私の周りを見渡すと、似たような表現を標榜したり、口に出したりしている人は多い。だからといって、その方々全員と馬が合うとは限らない。相手にとっても「何をするかより誰とするか」は大事なのだから。

そう考えると、そもそも「誰とするか」を重要視しない人がいるだろうか？　あわせて、「何をするか」を重要視しない人はいるだろうか？　友だちづくりや結婚の話ではない。私のライブ番組「**ブレワ**」でもよくこのテーマで話をするが、何をするかより誰とするかは、あくまでもビジネスと社会貢献においての話である。最近は、この２つの両立の話題が増えてきたので、私の望みとしては、両方で馬が合うことが望ましいし、これからもそういう方と巡り合うために、私もそうであるように努力したい。

改めてこの「何をするかより誰とするか」の意味や意図を考えてみたい。プライベートでゴルフをするなら、単純に折角のゴルフなのだから、嫌いな人とはプレイをしたくない。

しかし、地球の環境問題を解決しようと本気モードの目標を掲げた時に、「誰とするか？」は好き嫌いだけの問題ではなくなってしまう。どこまで相手が本気なのか？　それを実行するだけの力量、体力、やり切る力、経験があるのか？　など数多くの決定要因から、誰とするかを見極める必要がある。

ビジネスの現場では直感が90%くらいのウエイトを占めると思うが、そうだとしても、相互で影響し合えない、切磋琢磨できない相手では、正直対象にはならない。ある意味では、似た者同士を選ぶと思う。

要約すると、「何をするかはもちろん大事である。その何をするかの内容やテーマによって、誰とするかを決める」ということである。だから、何をするかが大事ではないという意味ではない。

いろいろと書いてはみたが、今回の結論としては「何をするかより誰とするか」もお互いさまである。近い考えの者同士が、誰とするかを選ぶ。もちろん、それは偶然の必然であり、自分の意志で決められることである。本当の意味でそれができた時に、組織からも離れ、自由な生き方ができるのだと思う。

2020/09/18

働いて約35年、私が一生"生涯現場"でいたい理由

#中小企業 #大企業 #生涯現場 #生涯現役 #三現主義 #トヨタ #社長 #現場監督 #建設現場 #踊る大捜査線

"生涯現場"と聞いて、皆さんはどんな印象を持つだろうか？長寿社会の現代、"生涯現役"を目指す人は日増しに増えている。

能動的に増えているケースと､長くなった人生を乗り切るために、やや受け身で“生涯現役”を選択する人もいるだろう。

実は、“生涯現場”というのは、あるシニアの方が口癖のようにおっしゃっていた言葉で、とても印象に残っている。

“生涯現役”も私自身が目指したいところだが、それに加えて“生涯現場”という響きは、より一層しっくりくるし、ずっと気になっているキーワードだ。ネットで調べてみても、今のところ“生涯現場”という言葉はあまり頻繁に使われてはいないようだ。

私がこの言葉に惹かれるのは、“現場”という言葉の感覚だ。現場の意味は実に多様であり、曖昧でもある。

機会がある度に話をしてきたが、私自身のキャリアでいうと、“現場”と言えば「建設現場」である。実際に、建築物を建設する場所だ。この場合は、本社機能との対比で考えるとわかりやすい。本社と現場、これなら一般的に理解が早い。そもそも、この建設工事の現場は普段の私たちの生活シーンに溶け込んでいる。街のどこかで毎日工事が行われていて、ニッカポッカに身を包んだ作業員たちが工事現場で働く姿には今でもあこがれる。私が現場監督を目指していた理由はそこにある。

別の言い方をすれば、自然のなかで、暑い時は暑いなりに、寒い時は焚火で暖を取って、四季を感じながらする仕事である。今でも現場で働いている様子を見ると、現場の人はすごいと思う。

もう1つ、私の仕事の経験で言えば、現場は工場である。世の中には実にたくさんの製造工場があるが、ITや業務改善の仕事に長年携わってきた関係で、50歳くらいまではいろいろな工場を視た。いわゆる生産現場である。

工場を視るのは仕事を離れてもとても好きだ。工場の仕組みや機械装置などにも興味があるし、それ以上にラインのなかで人が緻密に秩序を守って整然と働く姿、シンプルで真摯な労働姿勢にいつも感心する。

言うまでもなく、新興国に比べると、日本の工場の質は高い。食品、製鉄、建機、建材、木材加工、菓子、部品、機械、酒、ワイン……、いまだに工場を見学できる機会があるとワクワクする。考えてみたら、私が一番興味のある車の工場はまだ見たことがないが、トヨタなどのノウハウをベースに"現場力"というキーワードを使ったビジネス力向上の書籍は実に多い。

今の私にはいろいろな現場感があるが、私の体に染みついている原点の現場感は、やはり父親の姿であり、農業の現場である。極端に言えば、その頃はサラリーマンや公務員という仕事がまったく想像できなかった。だから今でも私の労働の原点は農業である。

話は変わるが、「三現主義」という言葉がある。「三現」とは、「現場」「現物」「現実」の3つだ。問題発生の際に、この三現主義を前提にしないと、適切かつ迅速な問題解決はできない。それと、最近流行りの「見える化」という視点で考えても、この三現主義が前提である。

ここに登場する現場とは、かつての人気ドラマ『踊る大走査線』の有名なセリフを思い出すとわかりやすい。「事件は会議室で起きているんじゃない！　現場で起きているんだ！」という織田裕二扮する主人公の叫びは流行語にもなった。仕事はもちろん事件ではないが、事故の場合はある。ようするに「問題は現場を見ないとわからない。解決の糸口は現場にある」という意味である。

20年近く前の話であるが、いまだに記憶に残る鮮明な“現場”の使い方がある。某エネルギー会社の販売店のIT活用支援、業務改善支援、顧客満足度の向上支援などを、1年間で集中的に行うという仕事を引き受けたことがある。億単位の仕事であり、私にとっては初体験の規模感だったので、とても骨が折れた。本体の大企業の発注責任者とは今でも付き合いがあるが、その当時はピリピリモードで毎日侃々諤々やっていた。

ある日、彼が「うちの会社は現場がこのオフィスビルにあると思っているんだよね」と言った。このビルとは東京のビジネス街のど真ん中にある高層ビルだ。自分の上司の経営層が見ている現場は、ビルの階下の部下がいるオフィスという意味である。私が引き受けていたのは、顧客と接する現場の改善だったから、実に新鮮でかつ驚きだったのと、大企業感覚を肌で感じたのを覚えている。『踊る大走査線』そのものだったのである。

現場について書き出すときりがないが、もう１つ私の現場のイメージをお話すると「アナログ的である」ということだ。もちろん、ITの世界でもソフトウェアの開発現場という言い方をする。このアナログ的な意味は人が集まっている、というニュアンスだ。

さらにもう１つ加えれば、「汗水たらして」ということになる。これは先ほど書いた建設現場や第一次産業に当てはまる。「新興国」も日本のような先進国から見たら、現場だと言える。その場所に行った生活体験や人的交流がないと何もつかめない。「お前、来てやってみろ（ＯＫＹ）」と揶揄される世界の話でもある。

また、「社長が現場に出る」「現場を視る」「現場の仕事をする」など、今、私が行っている経営という仕事でもよく使う言葉だ。多分、全部肯定的な印象がある。もちろん、大企業の社長が現場に関わるというのは少々大袈裟だ。一方、中小企業であれば、ごく当たり前で、とくにプレイングマネージャーのような社長は多い。精鋭コンサルタントなら、「現場は現場に任せるべし」と言うだろうが、それこそ中小企業の現場を知らないということだと私は思う。このように、実に“現場”という言葉は意識せずとも、日常で自然に使っている。

“生涯現役”は私にとっては当たり前であり、どちらかというと“生涯現場”のほうが自分の性分には合っているし、目指すところでもある。もっと、“生涯現場”感が日本に広がれば、一次産業にしても建設業にしても、現場で働く人々に焦点が当たり、彼らの仕事が若者にとってあこがれの職業に戻っていく。

そして“生涯現場”を目指す人が増え、日本がより良い方向に向かうのではないかと思う。そういう意味でも、若者に“生涯現場”の魅力をもっと伝えていきたいと思う。

2020/09/27

情報収集力が経営や仕事の成果を大きく左右する時代

#情報　#情報収集力　#情報感度　#ベトナム　#経営者　#ルワンダ　#情報発信源　#情報発掘　#情報量

毎日仕事をしているなかで、「今、一番関心のあることは何ですか？」と聞かれたら、私は迷いなく、「情報」と答える。もちろん、人にも関心があるが、それはずっと昔から変わらない。

情報と一言に言っても、なかなか奥が深いし、複雑である。私は会社経営をしているので、情報と言えば経営情報、つまり経営に役立つ有益な情報を欲していると思う人が多いと思うが、これは決して外れてはいない。

しかし、私が創業した30年前と違って、経営に関する情報は巷にあふれている。この短期間で、情報の流通量は1000倍を軽く超えた感覚がある。経営者としては、情報をキャッチアップしておくのが生命線だから、今は大変な時代である。

私が創業した頃の情報収集の方法と言えば、メジャーなところでは「新聞」「ビジネス雑誌」、そして「書籍」くらいだったと思う。時々、経営者が集まる会合や専門セミナーが加わる程度だった。

今は流通する情報が膨大過ぎて、自分にとって有益な情報なのかどうかを判断することが極めて難しい。それだけ似たような情報、目移りするような情報が多く、迷いも生じるし、真偽の判別も困難になる。自分の得意領域、専門領域に関しては、少々情報量が膨大でも、それほど苦も無く有益情報はピックアップできる。それでも、母数の情報の把握には限りがあるので、残りは推論しておくということになる。

例えば私の場合、IT関連や建築であれば常に情報のキモは抑えることができる。また、ベトナムなどの新興国も同様だ。判断基準や目利きがブレないだけの情報が頭に蓄積されているからだ。当然、自社の社員やブレインの情報も判断材料の一助である。

一方、金融や環境などになると経験も少なく、ベースとなる情報のストックが少ないので、1つずつ見たもの、得たものの情報が新鮮だったり、刺激的だったり、驚きだったり、学びだったりするから、イチイチ脳が動くのでとても疲れる。このように、経営情報に絞って考えても、自分の得意領域とそうでない領域で使い分けていく必要がある。

余計なお世話だが、ITやデジタルが得意でない経営者を想像すると、本当に大変な時代になったと思う。最新テクノロジーの世界でもあるので、変化が速過ぎる。これをしっかり経営に活かすために情報を峻別するのはとても困難だと思う。

経営の視点から情報について説明したが、それ以上に私の場合、人生を楽しむための情報の把握に強い関心がある。

情報を見つける大切な観点として、私は意図的と偶発的の両面を重視している。例えば、アフリカのルワンダについて知りたい場合、まだ情報はあふれているわけではないので、少々、探すのに骨が折れる。仮に私がルワンダをまったく知らなかったらどうするか？　まずはネットで検索してみる。そうすると関連する情報がいくつか出てくる。それを手掛かりに掘り下げていく。誰かのブログに出合うかもしれないし、JICA関連の記事に出合うかもしれない。しかし、日本ではほとんどの人がルワンダをビジネスの対象として認知していない。これは、15年くらい前のベトナムと似ている。

ちなみに、今の日本にはベトナムの情報があふれている。コンビニに行っても、ベトナム人のアルバイトがレジ係をしていたりする。普通に日本で生活していても、どこかでベトナム情報に出合う。もちろん新聞には頻繁に登場する。SNSにもたくさんある。近所のベトナム料理屋さんなど、たまたま出合う情報からビジネスにつながることもある。

一方、ルワンダの情報は、日本国内だと偶発的に出合う確率はかなり低い。

私は「情報発掘は、宝さがし」という感覚を常に持っている。子供の頃、よく砂浜で遊んだ。海水浴の季節になると、決まって宝さがしをした。大人が砂のなかに宝物を書いた袋を埋め、それを子供が探すのだ。最近、ベトナムでの社員旅行で、この宝さがしをした。やはり、何歳になっても宝さがしは面白い。

私にとって情報発掘は、この宝さがしと感覚が同じだ。たまたま見つかったものを大切にする。実際の宝さがしはそうではないが、情報の宝さがしは無駄なものも見つかる。これはこれで良い。自分にとって無駄なものでも誰かにとって有益かもしれないし、毎回当たりばかりではワクワク感が無くなるし、情報の感度も鈍る。

以前もブログに書いたが、現在、拙著『情報感度を磨け』を制作中である。情報感度については、近いうちに詳しく解説したいと思うが、理論的、合理的にその情報が有益かどうかだけを探すならば、AIなどに任せればよい。

人間が人間らしくあるためには、人間の感性を活かしてこそ、情報の価値が高まると確信している。感性を活かして情報を見つける。感性を活かして情報を醸成する。感性を活かして人に情報を伝える。こういう感覚が面白い。

今回は、情報を見つける、探すという視点で書いた。私は自分で情報を見つけることは仕事の醍醐味であり、生きている証であると思う。膨大な書籍を連鎖で探索するのも楽しいし、ネット検索を巧みに使うのもいいだろう。

しかし、私は何よりも人と人の関係性で見つかる情報を重要視している。人間そのものが情報であり、メディアだと思っている私にとって、自分が周りの方々からワクワクされる情報発信源でいられるように努力している。

第6章

近藤昇の生き方

2020/07/08

環境ビジネスをアート思考で考えるべき理由

#環境ビジネス　#ブレインワークス　#オーガニック農業　#SDGS　#地球と共生
#農業ビジネス　#環境問題　#アート思考　#デザイン思考　#経営はアートである

最近、私の周りで環境について熱心に考える人が増えてきた。環境とは、一言で言うと地球の環境問題のことだ。7月1日から、プラスチックのごみ袋が全国一律有料化された。今の日本ができる精一杯の取り組みだと思うし、これはこれできちんと一緒に活動しようとは思っている。

一方で私は今、経営者として環境をビジネスの側面からも眺めている。いや、ビジネスの視点で考えてよいものか？　試行錯誤しているというのが正解だ。悩んでいるわけではなく、本質を見つけるための試行錯誤中ということだ。

この数か月、環境について、さまざまな方法で調べている。そして、セミナーなどで情報を発信している。次第に視界が広がってきた。

書籍もたくさん読んだ。というよりも眺めたというほうが正しい。今のところ、ビジネス的なものと研究家や専門家の知見をまとめたものに2分されると思う。そのなかで、おすすめを2つ紹介する。

1つは東京商工会議所が行っている「ECO検定」のテキストである。私はまだ受験していないが、このテキストは実に良くできている。

もう1つは、「環境白書」だ。さすがに環境省の本である。内容は充実していると思う。日本国内で会社を経営している経営者は絶対に読むべきだろう。SDGsを推進するなら、なおさら必須の本だ。

環境は多様で奥が深い。探索や学びは尽きることがない。そんななか、感覚的には環境はビジネスから考えるのではなく、アート思考やデザイン思考が大切だと思う。

私がお付き合いいただいている方々のなかには、情熱的、献身的、革新的に、環境問題に取り組んでいる方々が多い。とくに、タイで先進的なオーガニック農業ビジネスをされているハーモニーライフ・インターナショナル株式会社の大賀昌さんは別格である。

大賀さんの著書『メコンの大地が教えてくれたこと』の発刊をお手伝いした。大賀さんは1992年、ブラジルのリオデジャネイロで開催された環境と開発に関する、通称「リオ宣言」に出席されて感銘を受け、20年前から単身でタイでの環境保全を前提とした循環型農業に取り組まれている。動機がすばらしく純粋な方である。

先日、当社のセミナーで講演していただいたが、10年前とまったく変わらず、ブレのない考えに、改めて環境ビジネスの在り方を再認識した次第である。

また、昨年、ニューヨークで開かれた「気候行動サミット」でプレゼンをした、スウェーデンのグレタ・トゥーンベリさんが一時期話題を独占した。コロナ危機がなかったら、今頃どうなっていただろうか？ 良い影響がもっと広がっていたはずだ。残念なことに、専門家が「根拠がない」という理由で彼女を批判していたことや、日本の評論家がSNSで食って掛かっていたことなど、大人げない反応が少なくなかった。最近の大人はどうかしていると思う。

そんなことを考えていて、先日、ふと「今の小学生は環境や地球、自然について、何を学んでいるのだろう？」と気になった。さっそくAmazonで、「社会」「理科」「プログラミング」など、小学生向けの『教科書ワーク』を買ってみた。

コンテンツをざっと見て、これは使えると思った。現段階で考えていることは、専門的な知見や見識、環境のテクノロジーなどは、流行りのITとAIとビッグデータに任せてしまう。そして、大人たちは、子供たちの教科書を使って、この地球の環境問題を学び、感じ、人に伝え、つなげる。

感性が研ぎ澄まされた大人も少なからずいるが、きっと子供たちが主役になるだろう。なぜなら、彼ら自身の未来の課題であり、先入観やへ理屈につながる知識や論理もない。感性と好奇心があるだけだ。

当然、子供たちは大人のように言い訳もしないし、後付け理論もない。まして、環境を破壊しているビジネスの実態など知らない。まったくの白紙である。

いっそのこと、小学校の教科書に「環境」という科目をつくればいいと思っている。この部分は私の力ではどうすることもできないので、世界に広がったITツールを駆使して、世界中の子供たちの共感の場をつくろうと思う。

ビジネスと言えば大人の世界。環境は子供たちが主役になれば、もはやビジネスではなく、なんと呼べばよいのだろうか？　また、次の課題が生まれた。

2020/07/23

資格試験や検定は本当に仕事や人生に役立つのか？

＃高齢社会検定　＃高齢社会検定試験　＃ECO検定　＃一級建築士　＃特種情報処理試験
＃生涯現役　＃生涯学習　＃高齢化社会　＃環境ビジネス

最近、経営者としても個人としても環境ビジネスに力を入れ出した。まずは関係する知見を深めることと、関連する情報を収集することが第一歩となる。もちろん、すでに環境ビジネスに取り組んでいる先進的な企業はたくさんあり、そういった情報にはとくに関心が高い。

しかし、まずは環境についての基礎知識を知ることがもっとも重要だと考えている。具体的には、今の地球上の数多ある環境問題や地球温暖化の問題、森林破壊の実情など、知っておかなければいけないことがたくさんある。

あるテーマを決めてビジネスに取り組もうとする際に、全体を俯瞰して把握することはとても大切だ。「木を見て森を見ず」では、複雑で対象範囲が広い環境問題は不十分だ。「森を見て木を見ず」になることもいけないが、まずは環境問題に関する森を把握することが重要だと考えている。

あれこれ専門書を読みあさっている間に、バランスの取れた素晴らしい検定のテキストを見つけた。

以前、ブログにも書いたが「ECO検定」をご存じだろうか？東京商工会議所が始めた、その名前の通りの「ECO（Economic Cooperation Organization）」に関する検定だ。私は、この検定を受験する予定だったが、コロナ危機で秋以降に先送りだ。状況次第ではさらに延期になる可能性もある。

「ECO検定」のテキストを眺めてみると、実にバランスよく網羅的にまとまっている。若い人たちにはぜひ身につけてほしい常識が満載なのだ。テキストを読むだけでも価値はある。検定を受験するかどうかは別として、多くの人に読んでほしいと考えているし、普及のお手伝いができればとも思っている。

ところで、世の中には仕事のための資格や法律で決められた資格がたくさんある。そこで、「そもそも資格というものは役に立っているのか？」について考えてみたい。

私自身は若い頃、多少、資格には縁があった。建築学科専攻だったので、「一級建築士」の資格を持っており、今も業務に活用している。

また、現在は呼び名が変わっているが、「特種情報処理」の資格は、最初に就職したゼネコンで取得した。大学を卒業後、ゼネコンで現場監督をするつもりだったが、意に反して情報システム室に配属になった。3つ上の先輩にプレッシャーをかけられ、どちらかというと強制的に資格を取った形だが、今では感謝している。この先輩がいなければ資格は取っていなかっただろう。

結果的には、私はとても得をしたと思っている。受け身での受験でも、その後、ITの仕事に関わってきたなかで、資格の勉強で網羅的なITの基礎が身についたのだと思う。これはこれで、ビジネスには役に立っている。

資格試験については失敗もある。調子に乗っていた20代半ば、「システム監査」の資格にチャレンジしたが、合格できなかった。受験の理由は、20代で転職した企業では資格手当なるものがあったからだ。本来の資格の活用からはかけ離れていた時期である。しかし、その当時は自分の仕事力を上回って給与をもらっていたので「もらい過ぎです」と、社長に自己申告したこともある。

ちょうどこの頃、「資格を持っていても仕事ができるとは限らない」という都市伝説のような噂が情報処理業界に広がっていた。もっともである。世の中には、医師の国家試験のように、その職業に就くためには免許が必要なケースがある。一方、情報処理関係の資格のように、入札などの要件に入ることはあっても、免許ではないので、資格がなくても仕事はできる。だから、仕事ができる人が資格を持つことはあっても、資格を持っているからといって仕事ができるわけではない。もっともな理屈であり、実際にこういう類の資格を持っているわりに、仕事ができない人はゴロゴロいる。

その後、30代で会社経営を始めた私は、資格にチャレンジすることはなくなった。中小企業支援をしていたので、「中小企業診断士」の受験を考えた時期もあるが、どちらかと言えば個人的な資格なので、結局受けなかった。「公認会計士」へのチャレンジも考えたことがあるが、公認会計士の友人に「私がいるのだから近藤さんは取る必要はない」と言われてやめた。

そして40半ばになり、突然、英語の勉強に目覚めてから約3年間、2か月に1回、TOEICを受けた。徐々に点数も上がっていき、ヒアリングもできるようになってきた。ただ、結果的に実践の場、つまり使う機会がほとんどなく、今はその当時のヒアリングスキルも衰えて、英語は読めるだけのもと通りのレベルに戻ってしまった。

そんな私が3年前、久しぶりに資格を受けた。資格というよりも検定だが、今までで最高に役立ったと思っている。それが「高齢社会検定」だ。

それほど難しい試験ではない。合格したからといって、即仕事に結びつくわけでもない。だが、私が数ある資格のなかでもこの検定をすすめる理由がある。前半で書いた「ECO検定」に負けるとも劣らないほど、「高齢社会検定」のテキスト内容が充実しているということだ。

日本の高齢化問題は深刻だ。大きな改革には全国民の参加が必要だが、如何せん知らないことが多過ぎる。このテキストを読めば、高齢化社会の現状や課題の全体像が間違いなく理解できる。「高齢社会検定」の可能性については、また別の機会に説明したいと思う。

「高齢社会検定」と「ECO検定」、この2つの検定は現役のビジネスパーソンは言うまでもなく、経営者や若者にもおすすめである。オンラインで行う生涯学習プラットフォーム「**ブレインアカデミー**」でも使っていこうと思っている。

2020/08/19

記録の時代の生き方と役割を考える

#記録の時代 #記録の世紀 #終戦記念日 #デジタル化 #記憶より記録 #ベトナム #アーカイブ #暗黙知 #形式知 #生涯現役ノート

今年も酷暑のなか、終戦記念日がやってきた。日本人にとっては永遠に忘れてはならない、意味のある記念日だ。それは日本人のみならず、全人類にとっても重要であることは間違いない。

物心ついた時から、ニュースで流れる式典の様子や戦争体験を語る方々のメッセージが印象的だ。単純に考えても、戦争の体験者は永遠に生きているわけではない。いずれ体験者がいなくなる。そうすると、こういった戦争体験は単に歴史上の一頁になってしまうのだろうか？

ベトナムで20年以上活動していると、ベトナム人の友人が少なからず増えていく。しかも付き合う年数も自然と長くなり、会話も深い話が多くなってきた。ベトナムと日本には米国と戦ったという共通点があり、飲みながらこの話題になると、結構、同志としての意識が芽生えたりする。

ベトナムと日本では、戦争の背景や構図はまったく異なるが、ベトナムにも毎年終戦記念日がやってくる。ちょうど、日本とは30年のズレがある。この30年のズレで感じることの1つが、ベトナムのほうが戦争体験者が圧倒的に多いことだ。しかも、同年代の友人たちも普通に戦争の話になるし、当時の写真をデジタル化してスマホに入れていたりする。こういう時、今はIT時代なのだと改めて思う。

私は、ITの仕事に長年携わってきて、強く思っていることがある。仕事としてここまで長く関わってきたので、「ライフワークですか？」と聞かれたら、「そうです」と答えたくもなる。しかし、私はITを使って健全な社会を創造することをライフワークとすることに決めているので、そういう意味では、まだ何も達成できていないと思っている。

単なる効率化や便利さの追求には、この先あまり興味はない。人類が手に入れてしまった万能ツールとも思えるITを、地球の健全化、社会の健全化、人の健全化に役立てないとしたら、人類はとんでもないリスクを抱えることになる。

「今は、記録の時代である」とブログでも何回か触れてきたし、最近はセミナーやライブで四六時中話している。これは、冒頭であげた戦争の記録で考えてもよくわかる。体験者が語る、伝える話は生々しい。何よりも説得力があるし影響力が違う。だからこそ、体験者の話を生で語っていただくことがとても重要だ。

人の記憶による伝承には時間的な限界がある。極端なことを言えば、その当人が存在しなくなれば消える。もちろん、残された人の思い出には残るし、記憶としての共有や伝達は、ある程度は可能である。

しかし、万能ではないにしても、現時点のテクノロジーでは、確実にメンテナンスができると仮定すれば、記録は永遠に残る。実際にこの10年くらいを見ても、ネット上に戦争を語る方々の映像や音声などが投稿されている。デジタル化の流れは実感できるし、この流れは大切にしたい。

例外はあるにしても、人は悪い記憶を忘れていく生き物である。だからこそ、同じ過ちを繰り返さないために、ITによって人の記憶の劣化を防ぐという価値はとても大きい。

これは戦争の話だけではない。今は人の行動が本人も知らない間に記録され、知らないところで利用されている可能性も高い。そして、悪用されるという最悪の事態が起こっても、気づかないことは多い。だからこそ、健全なIT活用が必要なのである。

戦争のような忌まわしい悲劇的な出来事を記録で残し、記録で伝承する。こういう活動は世界各地にある。例えば、たった25年前に起こったルワンダでの内戦の悲劇を伝える情報は多い。現地にはメモリアルな記念館もある。やはり、人類は過去の反省をするために、記録に残すことが重要なのだ。

オリンピックは平和の祭典である。甲子園球児の活躍には心が躍る。世の中には良い出来事もたくさんあるが、こういう記録は昔のものでも残っていたりする。

一方、悪い記録、人類にとって都合の悪い記録はなかなか見えてこない。見えない部分の見える化、都合の悪い記憶の記録化、それを残していくことで、健全な社会の実現に近づくのだと思う。

もう1つ、大事な記録がある。私の会社では、シニアの活躍を応援している。その一環として、シニアの経験やノウハウ、生活の知恵などを記録に残す支援をすすめている。そのなかに、「生涯現役ノート」という仕組みの提供を準備している。これについては、また別の機会で紹介したいと思う。

2020/08/22

“自然体”とは何かを自然体で考えてみる

#自然体　#アフリカ　#BeNatural　#人間らしさ　#自然児　#自然
#インフォデミック　#自然のなかで暮らす　#不自然　#ベトナム

最近、私の周りで“自然体”という言葉を使う人、感覚的に“自然体”で活動する人が増えてきた。

私自身も昔から“自然体”を意識してきた。農村で生まれ育ったこともあり、幼少時代のほとんどを自然のなかで過ごしてきた。また、今までの人生で「自然児だよね」と言われたことが何度もある。実際、私は自然そのものが好きだし、自然児と言われることも嫌いではない。

私が思うに、この“自然体”という感覚は、実に奥が深いと思う。あるがままにというのが、私の頭に浮かぶイメージだ。他には、平常心でいる。ピュアである。ブレない。無理のない。まっすぐである。誠実である、というイメージも浮かぶ。考えてみたら、本当に無理なく、“自然体”でありながら、ポジティブな感覚の言葉だと思う。

それに加えて心地よい状態、リラックスした状態、人間が落ち着いている状態を“自然体”という印象もある。「あの人、自然体過ぎていまいちだよね」というマイナスの使い方もなくはないが、例外だ。

また“不自然”から考えると、より“自然体”の意味が際立つ。不自然には不安や不信感、疑いのニュアンスもある。不誠実な態度も不自然を連想する1つである。政治やビジネスで不自然だというと、何やらきな臭くもなる。

そもそも“自然”や“自然体”というのは概念である。存在する物体ではなく、人間が持っているイメージと言える。そういう意味では、哲学や心理学、宗教などの分類にもなり得ると思う。

ちなみに、“自然体”をデジタル大辞泉で調べてみた。

1 剣道などで、両足をわずかに前後または左右に開き、無理のない形で立った姿勢。

2 気負いのない、自然な態度。

なるほど、シンプルで納得である。

“自然体”と言えば、自然を連想する人も多いと思う。私は、自然のなかで育ったので、自然体＝自然のなかで暮らすこと、自然と触れていること、自然を当たり前に意識して生きること、という感覚がある。

あくまでも感覚だが、都会育ちの人の思う自然とは違うような気がする。自然のなかで成長してきたので、それ以外の成長の仕方を知らない。川や海や田んぼや畑のなかで成長してきた。だから、「自然体だね」と言われると、私から自然のなかで生まれ育った感覚がにじみ出ているからなのではと、若い頃は思っていた。

ところが、その感覚がだんだんと変わってきた。正確に言うと進化してきたのである。それは新興国ベトナムで仕事をするようになり、最近はアフリカで活動しているからだろう。これも“自然体”で進んできたことだが、新興国で感じる“自然体”はまた違う。先進国では感じられない“自然体”がある。それこそ、何もかもがピュアで、あるがままなのだ。当然、先進国と比べる話ではない。

しかし、今はネットなどの発達で、情報が世界中に流通するし、瞬時に伝わると言っても過言ではない。そうなると、アフリカの彼らにとっては、生活環境や日々の生活そのものは、いつもの通りなのだが、インフォデミックとも揶揄されるように、情報に関してはあふれている。余計な先進国の情報が、“自然体”でいることを阻害する要因であるのは間違いない。

そんなことを考えていると、“自然体”とは、環境の充実と、それと調和できる心技体の充実が大事なように思う。情報に振り回されているようでは、“自然体”から離れていくのは間違いない。それを逆に考えると先進国や都会では、“自然体”でいることが極めて難しい。

もう1つ、アフリカなどで感じるのは、人類の進化である。人類誕生の頃は、それこそ動物に近かったのだから、“自然体”だったように思う。もしかしたら、100%“自然体”であったのではないかとも思う。

そうすると動物はどうなのか？　昔から変わらず“自然体”なのか？ いや、現実は人間が動物に関わり過ぎている。人間が余計なおせっかいや迷惑をかけている。家畜などは典型だ。明らかに家畜は本来の動物として見れば“自然体”ではない。

今、コロナ危機を経験中であるが、人間は明らかに自然に回帰していると思う。そして不安や心配がつのるなか、人間としての“自然体”とは何かを改めて考えている人も多い。実際そういったメッセージが増えてきた。私がそういうメッセージを意識的につかもうとしているから気づく頻度が増したとも言える。以前のブログにも書いたが、「RAS」（ブレインプログラミング）の話である。

私自身のことで言えば、やはり農家が生家であり自然のなかで生まれ育った経験は大きいと思っている。今でも生まれ故郷に帰ると、“自然体”になれるし、童心にかえることができる。自分の原点はここにあるということを思い出すだけでもエネルギーがあふれてくる。

人間は生まれる場所、生まれる時を選ぶことはできない。だからこそ、人間として生まれたという事実を“自然体”で考えることは大事である。仮にアフリカで生まれていたとしても、それが“自然体”なのである。実際、アフリカの地に立つと“自然体”の感覚がシャープになる。何かがそこにあると思っている。

最後に経済のこと、つまり経済メカニズムのことを“自然体”で考えてみる。

今、問題や課題は多い。企業経営も迷走気味だ。しかし、行きつくところは、“自然体”の経営とは何かである。私は今後、このあたりを探求しようと思っている。

また、今の経済と密接なIT活用を“自然体”で考えてみることも大事だ。こちらについてはまた別の機会に書きたいと思うが、ITから“自然体”を連想する人はあまりいない。ITは機械であり、人間とは距離があるからである。

私は仕事柄、いろいろな分野の人と話をする機会が多いが、その方々に共通しているのは、世の中を変えていこう、地球の健全化を目指していこう、と考えている点だ。これも私にとっての“自然体”だと思う。

単純に「地球＝自然」という感覚での自然を健全に維持しようという感覚もこれからは重要だ。そういう“自然体”の考え方の上で経済メカニズムが再構築されるとよいと思っている。

あれこれ思いつくままに書いてみたが、結局は人間のことを“自然体”で考える。そうすると自ずと人間らしさが見えてくるのではないかと思う。

私は今、Benatural に凝っている。横文字にすると微妙にニュアンスが違ってくるが、視点や意識を変えて、ここしばらく“自然体”を考えていこうと思う。

著者紹介

ブレインワークスグループCEO　**近藤 昇**（こんどう のぼる）

株式会社ブレインワークス代表取締役。アジア起業家村推進機構アジア経営戦略研究所政策顧問四国研究センター長。
1962年徳島県生まれ。神戸大学工学部建築学科卒業。一級建築士、特種情報処理技術者の資格を有する。大学卒業後、不動建設株式会社に入社。その後ソフトウェア開発会社2社を経験。1993年ブレインワークスを創業し、代表取締役に就任（現任）。中小企業の経営のお助けマンを軸に、企業、官公庁自治体などの組織活動の支援を手掛ける。一方、アジアビジネスにも挑戦し、ベトナムを中心として東南アジアビジネスに精通する。特に、新興国における事業創造、ビジネスイノベーション支援の実績は多数。現在、アフリカ、インドにおけるビジネス活動に取り組んでいる。日本の強みである「信用ビジネスにフォーカスする」ことをモットーに、日本の地方と新興国の地方を繋ぐために日々活動している。
代表的な著書に『もし波平が77歳だったら？』、『もし、自分の会社の社長がAIだったら？』（いずれもカナリアコミュニケーションズ刊）など多数。

近藤 昇のメディア情報

近藤 昇 Official Website
https://www.kondohnoboru.com

近藤昇の活動情報を発信しています。
講演・著書・メディア掲載・ブログ等の情報がまるわかり！
ぜひ、ご覧ください。

facebbok：https://www.facebook.com/noboru.kondoh.1
twitter：https://twitter.com/kondoh1962
instagram：https://www.instagram.com/noborukondoh

facebook

twitter

instagram

近藤 昇のメディア情報

ブログ

13年前からブログを書いています。
経営者として感じたこと、一個人として経験したことなどを発信しています。
最近は、毎日、ブログ発信に挑戦中です。

毎日
発信中!

ブレワ
（ライブ・トーク）

2019年11月から、ライブで情報発信を始めました。もうすぐ100回になります。仕事で感じたこと、創業からの経緯、新しく学んだこと、失敗体験など時事ネタ満載です。

日々の
情報を動画
で配信!

セミナー

創業時から様々な経営者セミナーを開催してきましたが、最近はオンラインでのセミナーに軸足を置いて、スピーチしています。経営、IT、自然産業、人材育成などがテーマです。

セミナー・
講演の情報
をお届け!

Bナビオンのご案内

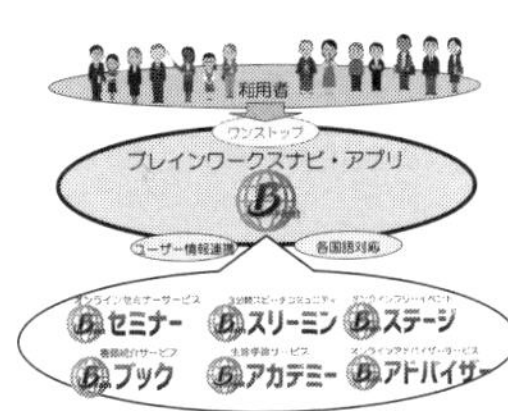

ビジネスパーソンに有益なセミナー、講演を豊富なテーマを揃えて動画配信するサービスです。会員登録するとオンラインセミナーのライブ配信や過去の動画を視聴することができます。現在、無料会員登録ですべての機能がご利用可能です！

Bナビオン
https://brainnavi-online.com

近藤 昇の著書情報

だから中小企業のIT化は失敗する

なぜ、あなたの会社のIT化は上手くいかないのか!? 企業経営を長年実践してこられた経営者の方々のIT導入成功の方程式や、著者の失敗も含んだ体験談を紹介する。

これで中小企業の「情報共有化」は成功する

IT化は進めれば進めるほど企業の人材強化に行き着く。ITを活用するためにもスキルの向上は必要不可欠。情報共有・情報活用の実践論に基づき、ITを活用して人材を強化するノウハウをわかりやすく解説。

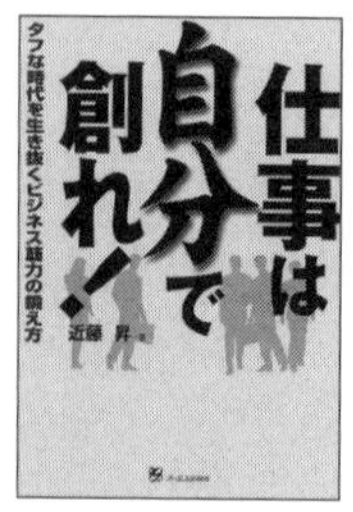

仕事は自分で創れ！

タフな時代を生き抜くビジネス筋力の鍛え方

束縛されることを嫌い、自由に生きることを心底望むのであれば、希望も夢も未来もある、それがいまだ。楽しく生きるために自立せよ！ あなたが転機に飛躍するためのヒントが満載。

社内情報革命に失敗する会社・成功する会社 ―IT工務店からの提言

本書は、著者が『日経IT21』誌に連載したコラム「失敗から学ぶIT化の落とし穴」を一冊にまとめたものだ。経営という観点から「社内情報革命」の失敗のポイントをあげ、成功への道筋を解説。

顧客づくりのための プライバシーマーク活用術

個人情報保護の認定制度である「プライバシーマーク」の取得準備から、取得後の運用体制までを解説。現状調査に使うテンプレートの内容などもわかりやすく説明している。

IT、情報活用、セキュリティで右往左往しない

社長の鉄則77

IT経営に振り回されるな！　IT活用に原則を！　数多くの企業を指導してきた経験から、IT（情報武装）をうまく経営に取り入れている企業は少数で、多くの企業は逆に経営リスクを高めているという現状に警鐘を鳴らす。

バカモン!

一流ビジネスパーソンへの登竜門

なぜ、若者は会社を３年で辞めるのか？　それは上司が愛情を込めて叱らないからだ。ビジネス筋力を鍛える72の鉄則を紹介。

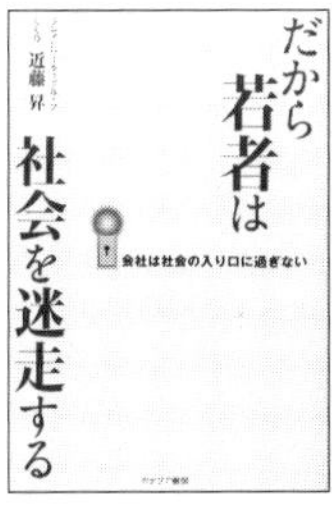

だから若者は社会で迷走する

―会社は社会の入り口に過ぎない

「少子高齢化社会」「日本の食糧問題」「日本の農業」「アジアとの共生」……。これらに対して考えた時、自分の言葉で意見が言えるだろうか？　大学生になったら読む本。

近藤 昇の著書情報

アジアで
ビジネスチャンスをつかめ!

すでにアジアで商売をしている人はもちろん、まだその魅力に気づいていない方々に対して、アジアでビジネスチャンスをつかむためのヒントをできる限りわかりやすく解説。

アジアで農業ビジネスチャンスをつかめ!

日本の農業を救うのは「アジア」だった。メコンエリアに眠る商機を逃すな! 肥沃な大地に、豊富な労働力があらたなビジネスチャンスをもたらす。

『本』で
ビジネスを創造する本

本は何度でも美味しいツール。本を使ってビジネスを創り出すノウハウを伝授。売上アップ、組織力アップに役立つ本の活用術が満載。

アジア
人材活用のススメ

これからの日本企業が生き残るための鍵はアジア人材をいかに活用するかだ。現地人材を育て、活用することこそが、アジアビジネスを成功させるための必須条件である。そのポイントを余すとこなく伝授。

だから中小企業の
アジアビジネスは失敗する

これからの日本企業にとってアジアグローバル視点は欠かすことのできない経営課題の1つだ。そのヒントがこの1冊に凝縮！　アジアビジネスを知り尽くした著者が、具体的なノウハウを伝授する。

ICTとアナログ力を駆使して
中小企業が変革する

社長が先陣を切って企業経営に変革を起こせ！　激変する経営環境で勝ち残るためのキーワードは、「顧客の変化」「労働者不足」「外国人の増加」「情報の氾濫」「ICTの進化」「インバウンドの急増」。

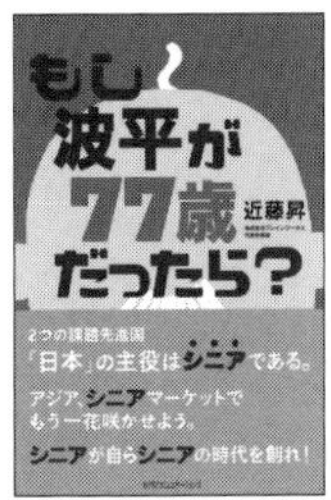

もし波平が
77歳だったら？

スポットの当たることが少ない、元気でアクティブなシニア世代の活躍を数多く紹介しながら、シニアによるシニアのための社会づくりを提唱する1冊。

もし、自分の会社の社長が
AIだったら？

AIと人間らしく賢く向き合うための1冊。10年先を見据えた企業とAIの展望を示し、これからの時代に必要とされるICT活用とは何かを語り尽くす。将来に不安を感じる経営者、若者、シニア必見！

著者
近藤 昇（こんどう のぼる）

ブレインワークスグループCEO。株式会社ブレインワークス代表取締役。アジア起業家村推進機構アジア経営戦略研究所政策顧問四国研究センター長。
1962年徳島県生まれ。神戸大学工学部建築学科卒業。一級建築士、特種情報処理技術者の資格を有する。大学卒業後、不動建設株式会社に入社。その後ソフトウェア開発会社2社を経験。1993年 ブレインワークスを創業し、代表取締役に就任（現任）。中小企業の経営のお助けマンを軸に、企業、官公庁自治体などの組織活動の支援を手掛ける。一方、アジアビジネスにも挑戦し、ベトナムを中心として東南アジアビジネスに精通する。特に、新興国における事業創造、ビジネスイノベーション支援の実績は多数。現在、アフリカ、インドにおけるビジネス活動に取り組んでいる。日本の強みである「信用ビジネスにフォーカスする」ことをモットーに、日本の地方と新興国の地方を繋ぐために日々活動している。
代表的な著書に『もし波平が77歳だったら？』、『もし、自分の会社の社長がAIだったら？』（いずれもカナリアコミュニケーションズ刊）など多数。

続・仕事は自分で創れ！

2021年1月15日 「初版第一刷発行」

著　者　　近藤　昇
発行者　　佐々木　紀行
発行所　　株式会社カナリアコミュニケーションズ
〒141-0031 東京都品川区西五反田1丁目17−1 第2東栄ビル 701号室
TEL　03-5436-9701　FAX　03-3491-9699
http://www.canaria-book.com
印　刷　　株式会社クリード
装丁デザイン　田辺　智子
装丁イラスト　くぼ あやこ

ISBN978-4-7782-0471-6　C0034

カナリアコミュニケーションズの書籍のご案内

日本の教育、海を渡る。

生きる力を育む「早期起業家教育」と歩んで

著者　平井 由紀子

第1章　「早期起業家教育」こそ生涯をかけるテーマ

第2章　海外へ教育を輸出しよう

第3章　「日本の教育」を持って世界へ

第4章　日本の教育輸出へ SELFWING V-KIDS幼稚園と V-Gardenの設立

第5章　日本の教育を輸出して見たい世界

第6章　「いつでも」「どこでも」「誰でも」受けられる教育

第6章　ALL JAPANで「最高の教育」を世界へ

2020年10月31日発刊
1,600円（税別）
ISBN 978-4-7782-0470-9

日本の教育の素晴らしさを世界に伝える！

「ベトナムのダナンで幼稚園をする！」
日本の教育輸出をするために挑戦し続ける著者。なぜ、日本の教育は世界から注目されているのか？　世界が日本へ期待するものを肌で感じ、人材教育に携わっている人たちの生のメッセージがここに集結！
経済や会社の仕組みについて教え、どんな仕事につくにも役立つ「生きる力」を育てる「早期起業家教育」をライフワークとする著者が、ベトナムへの教育輸出、子供たちの成長と変化、日本教育の素晴らしさを伝える１冊。

カナリアコミュニケーションズの書籍のご案内

シニアよ、インターネットでつながろう！

著者　牧 壮

「シニアの私が伝えたいのは『IoS(Internet of Seniors)』。すべてのシニアをインターネットでつなぐ、という概念です。ITは怖くありません。シニアライフを楽しくするツールです。インターネットを活用して、シニアライフを満喫しましょう！」。そう語る著者の、シニアによるシニアのためのインターネット活用術を紹介。

2018年12月10日発刊
1,300円(税別)
ISBN 978-4-7782-0444-0

地球と共生するビジネスの先駆者たち

いま、悲鳴をあげる地球に、元気と未来を届ける！

編著　ブレインワークス

地球温暖化などで地球は傷つき、悲鳴をあげている。そして、いま地球は環境、食糧、エネルギーなど、さまざまな問題を抱え、ビジネスの世界でも待ったなしの取り組みが求められる。そんな地球と対話し、共生の道を選んだ10人のビジネスストーリーを紹介。その10人の思考と行動力が地球を守り、未来を拓く。

2017年9月20日発刊
1,300円(税別)
ISBN 978-4-7782-0406-8

カナリアコミュニケーションズの書籍のご案内

ベトナム建設企業60社
ベトナム建設ビジネスチャンスをつかめ！

編著　ブレインワークス

オフィスビル群や高層マンションの建設、住宅開発が続々と進み、右肩上がりで成長を続けるベトナム建設業界。本書は、現在のベトナム建設業界の勢いを感じることのできる1冊。躍進するベトナム建設企業の貴重な情報が満載。成長するマーケットで、ビジネスチャンスをつかめ！

2020年4月13日発刊
1,800円（税別）
ISBN 978-4-7782-0461-7

新興国の起業家と共に日本を変革する！

監修　近藤 昇
編著　ブレインワークス

新興国の起業家と共に日本の未来を拓け！！ゆでがえる状態の日本に変革を起こすのは強烈な目的意識とハングリー精神を兼備する新興国の経営者たちにほかならない。彼ら、彼女らの奮闘に刮目せよ！

2018年3月26日発刊
1,400円（税別）
ISBN 978-4-7782-0417-4

カナリアコミュニケーションズの書籍のご案内

経営はPDCAそのものである。

監修　近藤 昇
著者　ブレインワークス

2020年7月5日発刊
1,500円（税別）
ISBN 978-4-7782-0469-3

ビヨンドコロナを勝ち抜く組織をつくるためのバイブル

企業における生産・品質管理などの業務を効率よく、円滑に進めるためのマネジメント手法である「PDCA」。この「PDCA」がしっかり運用できているか否かで、企業経営には大きな差がつく。
本書では「PDCA」のうち「C」（チェック）の重要性について多くのページを割いて説明している。仕事スキル向上の実践ポイントや、活動力強化のためのバイブルとなる1冊。
ビヨンドコロナ時代を本気で勝ち抜きたい経営者は必見！